景区管理精品图书系列

旅游景区服务与管理案例（第二辑）

周永振　王　羽　孔亚丽　战冬梅◎编著

中国旅游出版社

前　言

我国A级旅游景区最早依托1999年发布的《旅游区（点）质量等级的划分与评定》（GB/T 17775—1999）开展评定工作，在2003年发布了修订版的《旅游景区质量等级的划分与评定》（GB/T 17775—2003），这是现行旅游景区评定工作的主要依据，标准中明确提出旅游景区是以旅游及其相关活动为主要功能或主要功能之一的空间或地域，包括以自然景观及人文景观为主的旅游景区。按照《旅游景区质量等级的划分与评定》（GB/T 17775—2003）中的有关解释，旅游景区（Tourist Attraction）是指具有参观游览、休闲度假、康体健身等功能，具备相应旅游服务设施并提供相应旅游服务的独立管理区。该管理区应有统一的经营管理机构和明确的地域范围，包括风景区、文博院馆、寺庙观堂、旅游度假区、自然保护区、主题公园、森林公园、地质公园、游乐园、动物园、植物园及工业、农业、经贸、科教、军事、体育、文化艺术等各类旅游景区。

从2003年开始，我国旅游景区建设快速发展，随着中国进入全民旅游、大众旅游时代，旅游景区的到访人数逐年增加。目前全国共有景区景点近4万家，全国A级旅游景区数量也从2012年的6042家发展到2021年的14332家，增长了1.37倍，旅游景区品质有序提升，旅游景区供给结构不断优化，接待人次规模稳步提升。据统计，2012年至2019年，景区游客接待量由29.26亿人次增至64.75亿人次，年旅游收入从2898.93亿元增至5065.97亿元，各类景区主动顺应旅游消费发展趋势，不断推出多元化和个性化产品，持续释放旅游资源潜力。坚持以文塑旅、以旅彰文，推动文化和旅游深度融合发展，历史文化类景区由2012年的2064个增加到2021年的4111个，增加了近1倍。打造了全国红色旅游经典景区300家，红色旅游深入开展，这些旅游景区已经成为传承红色基因、接受红色精神洗礼的生动课堂。由此可以看到，旅游景区日益成为国民休闲的重要载体，因此旅游景区的规范化运营日益重要。

2012年《旅游景区质量等级管理办法》印发以来，以国家标准为基础的A级旅游景区评定体系得到长足发展，全国A级旅游景区覆盖范围由2012年的2101个县级行政单元增至2020年的2626个，覆盖率由73.67%提升至92.33%。

旅游景区建设已经进入高质量发展的新阶段，为了助力旅游景区规范化建设，帮助旅游景区的服务质量不断提升，我们以国家标准《旅游景区质量等级的划分与评定》要求为核心，把部分具有代表性的旅游景区服务与管理事迹整理成案例，并进行了系统分析，期望能助旅游景区的建设者、管理者、参与者和学习者一臂之力，帮助解决旅游景区运营中的实际问题。

我们编写的《旅游景区服务与管理案例（第一辑）》2020年出版后，受到广大读者的一致好评，在此基础上今年继续推出《旅游景区服务与管理案例（第二辑）》。本书正文分为6章，除第一章绪论外，其他每章设立2节，分别就文物古迹类、主题公园类、文化景观类、沙漠景观类、自然风光类五种类型的旅游景区展开案例介绍，每节对应一个旅游景区案例，就其服务与管理具体情况展开详细的论述与分析。在本书最后将“全国5A级旅游景区一览表”作为“附录”列入，把2007年至2024年评定的5A级旅游景区按年份予以呈现，以供读者参考使用。

随着旅游景区高质量发展及服务与管理的不断完善，旅游景区必将持续不断地满足人民对美好旅游生活的需要！

作者

2024 年 2 月

目 录

第一章 绪 论 …… 1

第二章 文物古迹类旅游景区 …… 11
第一节 八路军西安办事处纪念馆 …… 12
第二节 响水湖长城风景区 …… 20

第三章 主题公园类旅游景区 …… 29
第一节 环球恐龙城休闲旅游区 …… 30
第二节 大连老虎滩海洋公园 …… 39

第四章 文化景观类旅游景区 …… 49
第一节 湄洲岛妈祖文化旅游区 …… 50
第二节 长江采石矶文化生态旅游区 …… 59

第五章 沙漠景观类旅游景区 …… 69
第一节 响沙湾旅游景区 …… 70
第二节 红山玉龙沙湖国际生态文化旅游区 …… 81

第六章 自然风光类旅游景区 …… 89
第一节 桂林两江四湖·象山景区 …… 90

第二节　青要山景区 ······ 99

参考文献 ······ 106

附　录 ······ 108

后　记 ······ 121

第一章
绪 论

在相当长的时期里，黄山、西湖、长城、故宫、兵马俑等著名旅游景区是大众对旅游业的第一认知，也是外国游客眼里的中国名片。从自然景区到人文景区，从城市风景到古镇风情，再到众多的新业态聚居地，旅游景区发展伴随着大众生活发展与变化，呈现出从无到有、从少到多、从多到好的局面，可以说旅游景区一直是满足人民对美好旅游生活需要的生活资源和休闲空间。

一、中国旅游景区的发展历程

（一）景区是新中国旅游事业起步的核心

1949 年中华人民共和国成立以后，工业是国家经济发展的重中之重，旅游业在当时既没有产业概念，也没有经济属性，整个国家的旅游只是为了满足海外华人华侨回国探亲访友和来访外宾接待的需要，被看作一种事业而存在，这个阶段普遍被认为是中国旅游业发展的萌芽阶段。而景区（这个时期是以普通民众参观为主，不以旅游为主，不能称之为“旅游景区”）作为这一时期旅游事业的核心资源（比如故宫、西湖、长城等），在扩大对外政治影响、为国家吸取外汇等方面发挥了重要的作用。

（二）旅游景区成为改革开放以后旅游产业的重要支柱

改革开放以后，旅游业进入发展的快车道，以旅游为目的的景区（只有这时才可以称之为“旅游景区”）日益成为满足人民对美好旅游生活需要的重要内容。持续扩大的入境游客、不断增强的大众旅游和国民休闲的现实需求，有效地促进了旅游景区不断创新产品和完善服务。早期的长江、长城、黄山、黄河，还有故宫、兵马俑和桂林山水等依托自然和历史文化遗产建立起来的旅游景区，是改革开放后入境旅游接待的重要基础。当时在交通、住宿、餐饮、购物等商业环境和公共服务尚不完善的情况下，没有这些举世闻名的人间盛景，入境旅游是很难顺利起步的，直到今天串联这些旅游景区的“京西沪桂广”仍然是欧美旅游者到华首选的经典线路。

（三）旅游景区是当前国民休闲的主要载体

20 世纪 90 年代后，旅游景区已经是国民休闲时代的重要载体，旅游景区对于培育旅游意识、满足大众旅游的基本消费和国民休闲的基本需求功不可没。1999 年国庆七天假期开启了第一个“黄金周”，标志着国民旅游时代的到来，绝大多数游客也是奔着这些著名旅游景区去的，虽然媒体“某某景区沦陷了”的新闻消息不断，不断引发游客“下次坚决待在家里，再好的景区也不去了”的“誓言”，但是热门旅游景区仍然游人不绝。

（四）旅游景区发展紧跟时代要求

改革开放以来，特别是党的十八大以来中国旅游景区的改革创新发展从四个方面得到进一步提升：一是始终坚持党对旅游业、对旅游景区的领导，深入贯彻落实习近平新时代中国特色社会主义思想，特别是把习近平总书记关于旅游业的系列重要论述在旅游景区的落实作为工作核心；二是始终围绕国民经济和社会发展战略的现实要求，在创外汇、扩内需、促就业、精准扶贫、供给侧结构性改革等阶段性重点领域，主动担当、积极作为；三是始终坚持市场化导向，深化改革、扩大开放，培育充满生机和活力的景区市场主体，形成大企业主导、中小企业合理分工、小微型企业创意创新的产业格局；四是始终服务人民对美好旅游生活的需要，把人民的美好旅游生活需要作为提供高品质旅游景区的新动力。

二、旅游景区发展的战略调整

旅游景区面临大众旅游发展阶段的新需求，使得旅游景区面临前所未有的复杂局面，承载着前所未有的重负和重任。“春江水暖鸭先知”，旅游景区必须回应这些变化和挑战、重新认识旅游景区、重新审视发展理念、适时做出战略调整。

（一）玩得起：旅游景区门票降下来

“玩得起”依然是国民最强烈的呼声。每到旅游旺季、大小长假，景区价格就会成为媒体上、报纸上铺天盖地的宣传点，媒体、大众和政府的关注充分说明，国民对景区的态度是积极的，是“愿意玩”的，但围绕“谁是景区的主人”“该不该收费”“收费的依据和程序是什么”等问题，利益相关者各说各话。一些地方政府与经营者的目标趋同，导致包括国有自然资源景区在内的景区连续涨价。

相对昂贵的旅游景区门票，不仅低收入群体望而却步，中高收入群体也感叹“玩不起”，这已成为旅游景区业的突出矛盾。当前各部门、各地区在考虑景区的经济效益时，往往忽略综合考虑其环境效益、社会效益等，环境效益和社会效益是旅游景区长期健康发展的关键。门票经济越来越成为我国旅游市场发展中的一个严重问题和发展瓶颈，客源向国外或其他地方流失，目的地各方最终得不偿失。

对旅游景区门票和发展导向问题的拷问周而复始地重复，究其深层次的原因，不在于价格的高低，不在于资本的流向，不在于管理体制的顺畅与否，而在于旅游景区业迅速发展的过程中，忽视了大众旅游时代更高的品质分享、更多的国民参与这样一个基本需求，发展旅游景区应充分明确首先应围绕满足国民的旅游权利而展开。

（二）玩得好：旅游景区产品多起来

“玩得好”是我国旅游景区发展的必然方向。在旅游市场发展的初级阶段，很多人是初次出游，旅游者更愿意感受异地的美丽风景，追求“我来了，我看了，我标记了”。在目前的旅游市场构成中，初次出游者仅占二成左右，也就是说每年约 40 亿人次的基础旅游市场是由相对成熟的旅游者构成的。如此量级的成熟旅游者必然引起景区的消费决策、购买行为、组织方式和购后评价等方面质的变化，并给旅游景区的宣传推广和发展模式带来根本性的冲击。

旅游已经逐渐成为人们的日常生活方式之一，旅游经验越来越成熟的游客在欣赏异地美丽风景的同时，更愿意去体验和分享目的地的美好生活。特别是年轻人主导的散客化、去中心化、“小确幸”生活方式的变化，使得游客的出游动机、组织方式、消费内容与消费模式发生了根本性变化。人们在旅行中不仅要看不一样的美丽风景，还要分享高品质的生活方式。“景观之上是生活”“最美的风景是人”“品质、便利、善意，主客共享的生活空间”“美好生活是优质旅游新动力”等观点已经形成了广泛的共识。过去只要有长城、故宫、兵马俑这样的世界自然和文化遗产，不用宣传，游客就会来了；只要有权威机构发个牌子或者有领导人肯定，市场就认同了，游客就觉得值了。

现在的旅游市场充满了多样选择，一方面是“世界那么大，我要去看看”，另一方面是“我的行程我做主”。这意味着旅游经济运行的主导权已经从资源方转向了需求方，或者说游客主权的时代来临了。无论是消费能力高的城市居民，还是消费相对较弱的农村居民，都更加强调景区旅游所提供的休闲和度假感受。

三、旅游景区的融合发展

景区产业的发展更是离不开市场主体的广泛认同、共同参与和创业创新，要不断坚持主客共享，实现产业优化与升级，实现旅游景区业的提质升级，对文化和旅游主管部门来说，应当注重文化引领，科技支撑，不断提升旅游景区的服务品质。

（一）坚持市场主体创新，主动融入国家发展战略

国民经济从来都是在成千上万的市场主体与千千万万的消费主体的市场互动中形成的，要以脚踏实地的工匠精神把旅游景区精致化建设蓝图落地，成为一个个看得见的旅游项目、消费得起的旅游产品和高效、诚信、有品质的旅游服务，从而吸引越来越多的游客来欣赏美丽的风景，体验丰富多彩的文化，分享本地居民的当代生活方式。

国家战略与市场主体息息相关，旅游景区市场主体扎实做好日常的投资、运营、管理和研发创新就是为国家战略服务。并注重以创新意识和商业能力解决旅行过程中的消费痛点，不断引领和创造新需求。从这个意义上说，市场主体要深入了解国家战略，主动融入和积极承担国家战略。

（二）坚持主客共享，实现产业优化与升级

传统景区转型升级的需要日益迫切，旅游景区游客出游频率逐年提升，只有日常化、高频化的旅游消费活动才可以构建良性发展的旅游经济，才能平抑景区企业旺季的波动，相较于外来游客特别是远程市场的游客，当地居民的近程旅游、微旅游和公共休闲才是持续的、高频的，旅游景区不应该只盯着如何把外面的人引进来，更要紧盯生活在景区周边的市民休闲需求。

要以共享为理念，全域为视野，优质为抓手。坚持共享的发展理念，实现从美丽风景资源驱动到美好生活市场导向的转变。主客共享需要勇气，将城市公园和公共景区进行敞开式改造，将绿地还给市民，将品质分享给游客。全域视野要求既不能脱离景区的核心吸引，也不能只关注景区景点，而要着力于整个区域旅游软硬件设施的配套与完善以及生活氛围的打造上。东部地区出游力旺盛、基础设施完善，要更多关注商业、服务等软环境的优化提升，在美好生活的品质上下功夫。中西部地区，不仅要看到眼前的风景，更要分析远方的市场，要借助政策、资本等外部力量，完善区域公共服务等基础设施，逐步培育美丽风景衬托中的美好生活氛围。

（三）加强政府主导，坐实文化和科技有效支撑

一是政府加强分类管理，优化供给。景观之上是生活，社会的发展以及国民出游选择的多样性，导致越来越多的游客不再对专门为游客准备的场所感兴趣了，而倾向于进入那些主要面向本地居民的休闲场所和公共生活空间。在这些共享的空间中，游客得以最大限度地体验目的地的总体环境和生活方式，体验当地生生不息的本土文化。以前只对本地居民开放的场所，现在应当也对游客开放。主客共享的大趋势下，要把旅游景区特别是城市公园、郊野公园、公共休闲空间、历史文化街区当作公共文化建设的一个重要部分，在公共文化建设中给予旅游景区应有的位置。目前，从消费水平和微观层面的市场特征以及出游半径和人均停留时间等指标上看，旅游市场都还有明显的初级阶段特征。因此，每到旅游旺季，旅游景区价格就成为社会关注的焦点。国有景区具有天然的公益属性，政府给予适当财政投入责无旁贷。当前要做的首要工作是通过分类管理，优化供给，让老百姓玩得起。在景区依然是满足人民对美好旅游生活需要的本底资源的情况下，“看不起的风景”在很大层面上影响了游客的出行热情，谁能够把国民大众旅行的基本面照顾好，谁就会有未来坚持不败的基础。

二是不断加强文化引领，科技支撑。当前进入传统景区的游客绝对数量仍然是增加的，但增速明显放缓。有些传统景区老百姓不愿意去了，更多的是年轻人不愿意去。老人虽然还去，但玩得不尽兴，很多是为了实现到此一游的念想。还有些短时间内通过网络流量吸引了大量游客的网红景区，如通过抖音、快手等短视频火起来的西安永兴坊景区、重庆洪崖洞景区，还有通过网络热播剧而火起来的故宫延禧宫，大量的游客到此只是“打卡”，为了发朋友圈。这类景区对广大游客特别是年轻人来说没有黏性，缺乏可持续发展的内生动力。网络引发的游客量、流量虽然是短时间内的大众选择，但这种选择很多时候并不代表社会的主流文化。如何把流量转变成真正有黏性的市场群体，需要秉承社会主义核心价值观，以高度的文化自信充实景区产品内容，讲好中国故事。通过文化价值的创新，加以脚踏实地的科技支撑，实现从空间到场景的转化，让老百姓的开心更实在、更有底气，这才是人们需要的一个真正的未来的发展方向。

三是在尊重市场的前提下，有效发挥政策引领的作用，引导旅游景区进行理性投资和开展业务。用好专项资金，对有重大战略意义的旅游景区文化建设项目进行重点扶持。引导社会资金健康有序流入景区业，避免景区建设过热和重复建设。打通行业壁垒，促进人才流通，重视复合型人才培养体系的建设。完善旅游景区评价体系，加大文旅领域专业研究力度，坚定旅游景区行业发展的文化自觉和文化自信。

四、旅游景区的创新与转型

1999 年第一个载入史册的国庆“黄金周”，旅游才真正地与国民大众的日常生活，与市场主体的创业创新挂起钩来，中国旅游景区业走过了四十年，

“提质”“创新”“升级”“转型”等口号也喊了多年，到底旅游景区下一步的方向在哪里？影响景区发展的因素又是什么？

（一）注重创新与科技、未来相结合

旅游景区业的未来必然与科技、与创新、与年轻人和时尚息息相关。科技无所不在地影响着人们在惯常环境的生活方式和异地的旅行方式，特别是新型科技应用的知识产权、虚拟现实、太空技术等都必然会影响旅游景区消费和市场创新。从世界范围看，旅游景区业发展伊始，创新的脚步就没有停止过，未来的景区必然当然与市场主体的商业创新有关，因此旅游景区需要基于对社会全体民众生活的本质把握，才能找准景区未来的发展方向和践行手段。

年轻人正在改变当前旅游的世界，未来的旅行者不仅有年轻人，还有中年人、老年人和少年儿童；不仅有面向散客市场的休闲、度假和商务旅行产品，还有面向团队市场的观光旅游产品；不仅有掌握新理念、新技术和新专业能力的先锋群体，还有坚守传统、致敬经典的“工匠精神”。总之在不否认未来属于年轻人的同时，更要看到对我们这样一个拥有 14 亿多人口的发展中大国，又处于大众旅游从初级阶段向中高级阶段演化的时期，无论是分析现状，还是研判趋势，都要综合考虑。

（二）关注文化和符号传播的内涵

当前，中国旅游正从大众旅游的初级阶段向中高级阶段演化，早期的旅游仅仅是为了满足人们开阔眼界的需求，当代的旅游者则更注重理解和感悟他人的生活和思想，并把这些理解和感悟融入自己的生活和思想。生活和思想的张力孕育了文化，只有参透器物背后的思想、融入生活的体验，才能真正地理解一种文明、一种文化。对待生活，我们不能仅仅用科学或科技的力量，更要用人文精神来表达。只有那些能够打动民众日常情感的项目才有持久的生命力，只有当旅游景区开发对当地人的生活予以倾心关注并精心呈现，才能吸引异地游客的到访。

旅游景区的产品开发需要以文化为基石，以空间为载体。文化是民族生存和发展的重要力量，文化具有更基本、更深沉、更持久的力量。对旅游景区业来说，随着大众旅游新时代的到来，对文化的认可和重视已经成为景区建设运营的要义和核心，文化是旅游景区的核心竞争力且已深入人心，文化也是事关旅游景区发展成败的关键。

当前旅游景区建设普遍通过浅层次的符号来进行文化构建，忽略了功能环境和行为表现，因此经常在景区能够见到的形象是：曾到此一游的名人雕像、著名诗人为景区写下的诗词、著名人物的墓地等，更有金字塔、凯旋门、白宫、金门大桥等越来越多的山寨建筑、山寨景观、山寨小镇，这些浅层次的文化表象在旅游发展相对初级或者刚刚起步的地区仍然屡见不鲜。不容否认，这些浅层次的文化符号对于部分游客可能还有一定的吸引力。但是总体上看，这种现象不应当也不可能成为我国旅游景区开发建设的主流价值取向。如果说以深圳世界之窗、中华民族园等微缩景观为代表的第一代主题公园的成功，在于满足了国民大众对“世界那么大，我想去看看”但却不能实现的替代品，在于开发团队对海内外地理标志和特色景观元素的再创造，那么今天依然执着于山寨海外的地标建筑和小镇，依然执着于名人墓地、名人故里的抢夺则是缺乏文化自信和创造力不足的表现。

以中国之美丽、文化之多彩和生活之幸福，每个地域、每个社区、每个季节都有取之不尽、用之不竭的自然资源和历史文化可供挖掘、整理和开发。比如苏杭的民宿雅集、宁夏固原的博物馆等，都是基于本土资源培育当代“主客共享”的新空间。

第二章
文物古迹类旅游景区

第一节　八路军西安办事处纪念馆[①]

一、基本情况

八路军西安办事处纪念馆位于陕西省西安市北新街七贤庄，由民国时期建成的民居——七贤庄[②]的十座四合院构成，占地1.36万平方米，是集历史研究、文物收藏、展览参观、教育宣传、旅游休闲于一体的公益性革命纪念馆。1936—1946年中共中央在这里先后设立了秘密交通站、红军联络处和国民革命军第八路驻陕办事处[③]，周恩来、朱德、刘少奇、彭德怀、叶剑英、邓小平、林伯渠、董必武等曾多次留驻办事处并指导工作。

八路军西安办事处纪念馆1988年被国务院公布为全国重点文物保护单位，1997年被中共中央宣传部公布为全国爱国主义教育示范基地，2006年被全国红色旅游工作协调小组公布为全国红色旅游经典景区，2015年被列入第二批国家级抗战纪念设施、遗址名录，是国家3A级旅游景区。

八路军西安办事处纪念馆对外开放参观主要有复原陈列和专题陈列（见表2-1）。设有七贤庄1号院旧址原状复原陈列、3号院统战科旧址复原陈列，并设有《千秋七贤庄——八路军驻陕办事处史实展》和《伟大的女性——海伦·斯诺在中国》《光辉的历程——中国共产党西安历史展》《永远的丰碑—

① 本案例编写参考了八路军西安办事处纪念馆官网（www.xabb.org.cn）和官方微信公众号（xabbjng）等有关资料。

② 七贤庄始建于1934年冬，1936年春落成，由10座“工”字形、土木结构的平房院落自西向东排列组成。七贤庄借用《晋书》中的“竹林七贤”而命名，庄首题字“七贤庄”由当时的文化名人成柏仁题写。

③ 八路军驻陕办事处设立于1937年8月，1946年9月撤销，是中国共产党设立在国民党管辖区的第一个公开合法的办事机构，主要工作是宣传中国共产党团结抗战的主张，巩固和扩大抗日民族统一战线；领取、采购和运输抗战物资以支援前线；输送爱国人士、进步青年和国际友人奔赴延安和抗日敌后，壮大革命力量。

全国八路军办事处史实展》等专题陈列。

表 2-1 八路军西安办事处纪念馆 2022 年陈列展览一览表

<table>
<tr><th colspan="2">陈列种类</th><th>陈列内容</th></tr>
<tr><td>基本陈列</td><td>《千秋七贤庄——八路军驻陕办事处史实展》</td><td>展览共分为六个部分：第一部分“前言”，第二部分“秘密交通站”。第三部分“红军联络处”，第四部分“八路军驻陕办事处”，第五部分“八路军西安办事处纪念馆”，第六部分“结语”；
展览展出史料照片 202 张，文物展品 39 件，其中多件革命文物都是首次对外展出；特别是由第一个到延安采访的欧洲记者瓦尔特·博斯哈德在 1938 年拍摄的黑白无声录影片《延安之旅》也将在展览中首次展现</td></tr>
<tr><td rowspan="4">专题陈列</td><td>《永远的丰碑——全国八路军办事处史实展》</td><td>展览共分“同仇敌忾抗日御侮”“坚强堡垒红色桥梁”“培育爱国之情激发报国之志”三部分，由 246 幅历史照片，23 件实物组成。展览使用了实景复原、仿真蜡像、电子翻书等现代化的展示手段，系统介绍了抗战时期遍布全国的十六座八路军办事处的历史功绩及新中国成立后各纪念馆在爱国主义教育方面发挥的作用</td></tr>
<tr><td>《伟大的女性——海伦·斯诺在中国》</td><td>展览共分为六个部分，第一部分“初到上海”，第二部分“北平生活”，第三部分“西北之行”，第四部分“创办工合”，第五部分“重返中国”，第六部分“友谊长存”。展览展出史料照片 145 张，文物展品 39 件</td></tr>
<tr><td colspan="2">《抗战家属展》</td></tr>
<tr><td colspan="2">《延安精神永放光芒》专题展</td></tr>
</table>

二、发展历程

新中国成立后，党和政府十分重视保护八路军西安办事处革命旧址，于 1959 年正式建立纪念馆，纪念馆现有馆藏文物 655 件，其中一级文物 49 件，二级文物 39 件，三级文物 137 件，回忆录 800 余篇，历史照片 3000 多张。八路军西安办事处纪念馆建馆 50 多年来，接待国内外观众近千万人次，已经成为爱国主义教育、革命传统教育的重要基地（见表 2-2）。

表 2-2　八路军西安办事处纪念馆获得的主要荣誉

时间		荣誉称号
1	1988 年	被国务院定为全国重点文物保护单位
2	1996 年	被国家六部委授牌“全国中小学爱国主义教育基地”
3	1997 年	被中宣部授牌“全国百家爱国主义教育示范基地”
4	2006 年	入选“百家红色旅游经典景区”
5	2009 年	被国家文物局评定为二级博物馆
6	2019 年	被中国关心下一代工作委员会授牌“全国关心下一代党史国史教育基地”
7	2020 年	被中央精神文明建设指导委员会评为“全国未成年人思想道德建设工作先进单位”
8	2021 年	中共陕西省委精神文明建设指导委员会复查合格继续保留“省级文明单位”
9	2022 年	被教育部办公厅中国关心下一代工作委员会办公室列入全国首批“大思政课”实践教学基地——党史新中国史教育专题实践教学基地

三、服务与管理的主要特点

（一）始终注重维修保护工作

八路军西安办事处纪念馆自 1959 年建馆以来，一直重视旧址的保护管理工作。以旧址收复工作为起点（19 世纪 60 年代相继收回了 2 号、3 号院南半院），逐渐恢复了八路军西安办事处原有风貌，在 19 世纪 90 年代又将 4~7 号院南院收回。2006 年借助西安市政府建设八办红色旅游景区和保护七贤庄历史民居的机遇[①]，将七贤庄的整体保护与利用纳入传统民居保护范围，并陆续完成了 8~10 号院南半院的修缮工程、七贤庄 2~10 号院北半部分院落拆迁安置和保护修缮工程、七贤庄文化广场拆迁安置及建设工程。同时，以八路军西安办事处纪念馆内外环境整治和消防设施、门前道路改扩建、旅

① 2005—2006年在国家开展了红色旅游景区建设，八路军西安办事处纪念馆抓住机遇，努力争取，在西安市委、市政府的支持下，使八办红色旅游景区建设项目列入全国红色旅游经典景区建设行列。

游厕所建设等项目为核心，系统地对纪念馆景区基础设施、设备进行了提升、改造及扩容（见图 2-1、图 2-2、图 2-3）。2010 年七贤庄红色旅游景区建设项目圆满竣工，七贤庄原有的十个院整体纳入纪念馆的保护管理体系中。

图 2-1　具有特色的标识系统

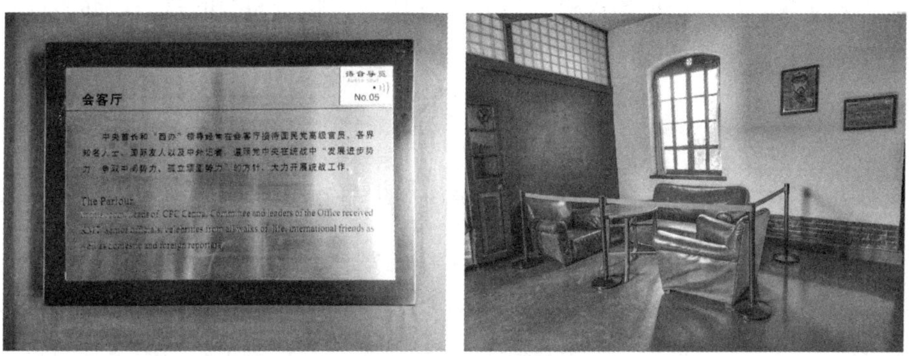

图 2-2　各项游览设施

图 2–3　游客中心

在旧址和七贤庄建筑群的保护修缮工作中，八路军西安办事处纪念馆坚持“修旧如旧”的原则，在修缮材料的选择上坚持原材料、原工艺进行补配，注重保持其原有的特点和风格，最大限度达到了修旧如旧的目的，同时注重白蚁防治、防汛防雷等日常的保养维护工作，最大限度避免旧址遭受二次破坏。

（二）高度重视安保工作

八路军西安办事处纪念馆从建立伊始就注重完善藏品保管制度，制定了较为完善的安防消防工作制度和应急工作预案。通过多层次的人员培训和安全宣传教育工作，已经培养了一批专业的安保队伍，建立起了坚强有力的安全保障系统。主要做了以下几项工作：①明确安全管理机制，明确各级安全责任，逐级签署安全责任书，建立了安全工作由馆长负总责，各部门参与实施，安全保卫部具体执行的安全管理机制；②完善人防系统，由安保部门共同构成，实行分工负责、相互协作的责任制度；③完善技防系统，由入侵报警系统、视频安防监控系统、巡更管理系统、视频监控辅助照明系统、无线有线对讲系统和安防控制室等多个子系统组成，组成了纵深的安全防护体系；④增设物防系统，文物库房及展厅具备很好的物防条件，文物库房配备专业的文物典藏柜，展厅均设有监控系统；⑤建立制度和应急预案系统，纪念馆有一套完备的规章制度和应急预案。这些工作的开展，使纪念馆的安保工作成为一个完整有效的系统，通过机制、人防、物防、技防之间的联动，发挥出了强有力的整体效能。

（三）始终注重推动群众性红色教育开展

八路军西安办事处纪念馆作为全国爱国主义教育示范基地，持续发挥红色资源优势，策划和开展了丰富多彩的主题活动，在丰富市民、游客的群众性文化生活的同时，有效地满足了人民群众的精神文化需求。

1. 围绕需求做好融媒体党建工作

针对不同参观群体的自身特点，注重公众服务、共建服务与党建服务。在公众号（见图 2-4）中开设了线上微课，设有“七贤庄里的故事”“跟着文物学党史”“红旗下的故事”“红色体育专栏”“为人民放歌”等栏目，充分利用红色教育平台，深入挖掘红色资源。组建“理想信念宣讲团”并走出去，以大家喜闻乐见的活动形式，传承红色基因、诠释红色精神、传播红色文化、讲述红色故事，将“理想信念宣讲团”打造成为八路军西安办事处纪念馆的红色品牌活动。2022 年春节期间，八路军西安办事处纪念馆举办了“七贤庄里过大年”红色文化惠民活动（见表 2-3），让游客疫情防控的特殊时期在“博物馆里过大年”，体验和感受带有红色文化氛围的新年，共度富有意义的新年。

图 2-4　官方微信号及“跟着文物学党史”栏目

表 2-3　2022 年“七贤庄里过大年”红色文化惠民活动主要活动一览表

活动类别		活动内容
1	文化惠民免费讲解·红色知识竞猜	八路军西安办事处在抗战时期发挥着重要的作用，为了使观众近距离了解那段峥嵘岁月，传承革命精神，回顾当年在这个平凡的七贤庄所发生的不平凡的故事，初一到初六对观众进行免费定时讲解，红色知识互动竞猜以及红色书籍派送活动
2	猜歌名唱红歌	红歌红，红歌亲，首首红歌含真情。唱支山歌给党听，党的恩情记心间！一首红歌，记录一段峥嵘岁月；一首红歌，象征一面光辉旗帜。大年初三和初六，开展“听前奏猜歌名——红歌竞猜派送文创礼品”的活动，在歌声中回顾经典
3	红色影院·影像里的故事	正月初一至正月十五，向公众开放电教室，播放纪录片及红色影片，用影像为观众带来沉浸式体验和感悟
4	猜灯谜·闹元宵	正月十五这一天，开展猜灯谜送祝福的活动，并为积极参与活动的观众精心准备了文创礼品及红色书籍

2. 构筑青少年理想信念教育新平台

通过家庭教育和公众教育（见表 2-4）加强对青少年的理想信念教育。经过多年的发展，八路军西安办事处纪念馆已经形成集宣传、教育、互动为一体的寓教于乐"我是小八路"实践品牌活动，通过以家庭为单位的参与方式开展实践活动，收到了良好的教育效果，得到充分认可。2018 年"我是小八路"青少年教育课程获陕西省首届"博物馆教育项目优秀案例"一等奖和中国博物馆青少年教育课程"十佳"教学设计。2020 年八路军西安办事处纪念馆被中央文明委评为全国未成年人思想道德建设工作先进单位，被西安市确定为首批中小学研学旅行实践教育基地。

表 2-4　八路军西安办事处纪念馆代表性青少年公众活动

序号	合作单位	合作内容
1	后宰门小学	"我是小小讲解员"品牌性实践活动，每年六一儿童节到八路军西安办事处纪念馆举行一年级新生的入队仪式
2	西安育英小学	"周恩来班"
3	西安市第八十九中学	在每届学生入学时，都会组织学生学习校史，组织学生到八路军西安办事处纪念馆参观研学，学生将学校历史的红色基因和区域红色资源相互结合

（四）通过红色书屋开展沉浸式学习体验

八路军西安办事处纪念馆内设有红色影院、红色书屋[①]以及红色会客厅的组织生活功能区，让前来参观者有所感、有所想、有所学、有所悟。八路军西安办事处纪念馆发挥创新功能分别于 2014 年、2018 年建设了两个红色书屋（见表 2-5），在新址红色书屋设有党史图书专区（含陕西党史、西安党史专区）、党建图书专区、纪念馆自编图书专区。红色书屋的建设有效延长了展线，丰富了游客拓展红色文化知识面的渠道，一定程度满足了一部分游客对

① 从2009年开始，全国红色旅游工作协调小组办公室联合中国旅游出版社，计划在全国开展建设红色旅游书屋活动（简称红色书屋）。至今红色书屋已成为传承、弘扬红色文化的一种方式和途径，一定程度满足了游客对红色文化日益高涨的需求，提升了红色旅游的文化品质，丰富了游客增强文化自信的渠道。

深入了解红色历史、接受红色文化熏陶的需要，使游客在红色书屋沉浸式体验学习的同时也得到休息，实现了传统教育与休闲方式的有机结合，丰富了参观体验，提高了红色旅游景区的服务质量。

表 2-5 八路军西安办事处纪念馆红色书屋建设情况

	建设情况
旧址书屋	自购抗战类图书、少儿读物、纪念馆自编书共 380 多册
新址书屋	该书屋使用面积为 60 平方米、可一次性容纳至少 16 位读者同时阅读，增加了图书的种类和数量，藏书种类包括党建、文学、旅游、历史、抗战、人物传记、生活、少儿读物等，共 3000 余册

第二节 响水湖长城风景区①

一、基本情况

响水湖长城风景区（以下简称“响水湖长城”）位于北京市怀柔区渤海镇大榛峪村，距慕田峪长城 10 公里，景区融长城②、古洞、山川、泉潭、飞瀑、明代摩崖石刻于一体，面积 18 平方公里，是京郊一处得天独厚、秀丽多姿的旅游胜地③，是国家 3A 级旅游景区、北京中医药文化旅游示范基地。响水湖长城景区依托长城文化带先后推出了“梅花长城”“本草长城”“七彩长城”“红色长城”文化长城四部曲，被誉为怀柔长城的历史底片、长城旅游的名片、长城精神的芯片。借助交通方便，服务设施齐全④的优势，响水湖长城

① 本案例资料由北京商旅同舟旅游规划设计院提供。

② 响水湖长城史称磨石口关，是明代长城的枢纽工程，原设有瓮城，并设有两道开关，故称“双关子”，属于“北京结”附近的边关要塞，建于明永乐二年（1404 年），是一段修缮好的可以攀爬的长城。

③ 响水湖的得名源于在泉水的源头，泉涌如注、水响如雷，千米之外便可听到流水的响声，故得名“响水湖”，系北京怀柔第一大泉，是附近百姓的饮用水源，也是怀柔水库源头之一，每秒钟出水 0.3 立方米，日流量 25937 吨，水质甘甜、清爽可口。

④ 特别是景区拥有典雅别致的仿古式山庄（拥有客房 60 套，还有可容纳 110 人的大会议室和 50 人的小会议室），一次可接待 110 人的会议住宿，400 人同时就餐。

打造出了“北京长城梅花节”、2.5 公里长的“塞外清凉谷”、规模上千亩的干鲜果品采摘园、弘扬爱国主义精神的长城红馆等特色产品[①]。

二、发展历程

响水湖长城 1998 年正式营业（见图 2-5），同时推出第一届“七彩长城”采摘节，较早成为京郊采摘的品牌产品。2005 年陆续投入 2000 万元打造养生大峡谷，2011 年被北京市旅游委、北京市中医药管理局评选为“中医药文化旅游示范基地”，也是北京地区唯一一家坐落于景区的示范基地。2016 年尝试按照有机方式护理果园，推出了“响水脆梨”“响水晚蜜”，受到消费者欢迎，完成了当地农产品从滞销到脱销的转变。响水湖长城在 2018 年被评选为国家级健康促进基地（北京市六家基地之一）。

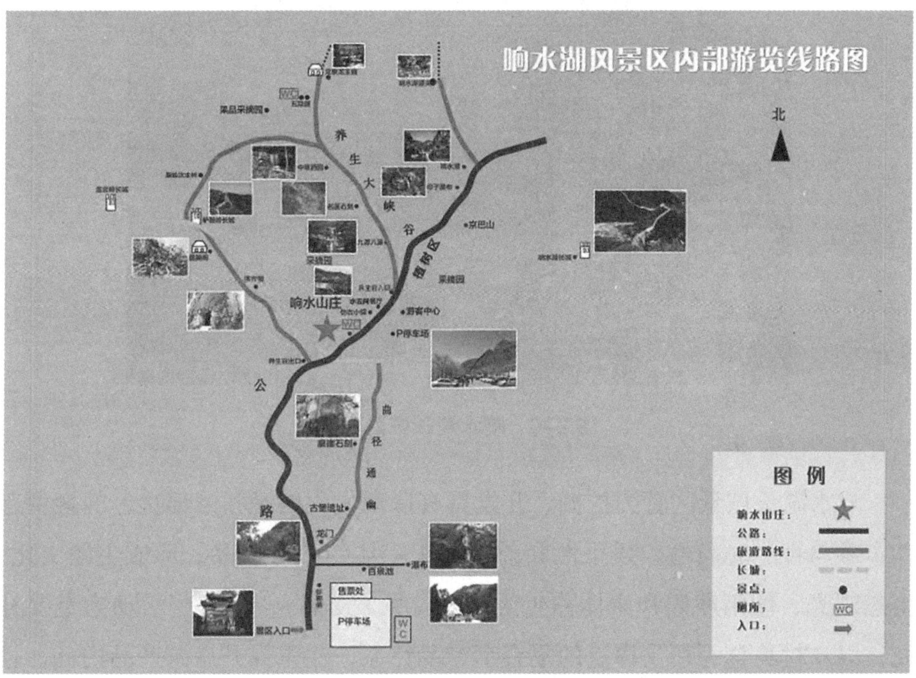

图 2-5　响水湖长城景区导览图

① 在 2019 年世园会上，响水湖景区参展的长城梅花绿萼品种——“玉骨清嘉”，荣获了金奖。

三、服务与管理的主要特点

（一）山水赋能打造新型景区

响水湖长城从2016年开始逐步由传统山水景区向文化景区转型，借助长城文化带打造文化长城四部曲，即梅花长城、本草长城、七彩长城、红色长城，取得了良好效果。游客量由转型之前的每年七八万人次增长到年接待量20余万人次，走出了一条文旅结合的景区特色建设之路。响水湖长城景区游览不仅能欣赏到优美的自然和长城景色（见图2-6），更能体验到丰富的文化活动，文旅的有效结合不仅搞活了景区的山水游，也带动景区所在地——渤海镇民宿产业的发展和农民的增收。

图2-6　响水湖长城景观图

响水湖长城景区着力挖掘、开发具有深刻文化内涵和浓郁特色的融生态性、参与性、时尚性、娱乐性和前沿性于一体的拳头产品，形成主题文化、生态观光、休闲度假和康体养生为主导（见表2-6），以节庆活动为重要补充，以乡村美食为新支撑点的复合型产品体系，注重提升旅游产品内涵，打造形成了感性、具有冲击力和市场吸引力产品组合。目前重点打造了“长城文化·畅游梅园”的新品牌，丰富充实产品体系，形成四季宜游的产品体系。

在主题形象与定位目标下，根据景区实际情况和特色及旅游产品开发策略，以自然山水为本底，以长城文化为魂，开发特色类型的产品，推动康养、休闲、度假区旅游产品向多元化产品体系发展。

表 2-6　响水湖长城景区旅游产品表

产品体系	产品名称	目标市场	时间适应性
文化旅游产品	民族旅游类	普通市场	春、夏、秋、冬四季
	艺术演艺类	普通市场	春、夏、秋、冬四季
	科普文化类	普通市场	春、夏两季
观光旅游产品	自然观光游	普适市场	春、夏、秋、冬四季
	人文观光类	普适市场	春、夏、秋、冬四季
休闲旅游产品	生态度假类	休闲市场	春、夏、秋、冬四季
	乡村度假类	休闲、自驾车市场	春、夏、秋、冬四季
	民宿度假类	休闲、自驾车市场	春、夏、秋、冬四季
	森林度假类	休闲市场	春、夏、秋三季
生态旅游产品	教育旅游类	专业市场	春、夏、秋三季
	拓展训练类	生态旅游市场	春、夏、秋、冬四季
	农业体验类	普适市场	夏、秋两季
	体育运动类	普适市场	春、夏、秋、冬四季
康体养生产品	文化养生类	休闲市场	春、夏、秋三季
	医疗养生类	专业市场	春、夏、秋、冬四季
	美食养生类	普适市场	春、夏、秋、冬四季
	运动养生类	休闲市场	春、夏、秋、冬四季

（二）文旅结合构建文化长城

1.“南梅北移”见实效，“梅花长城”具规模

响水湖长城从 2013 年开始进行了长达 6 年的梅花“南梅北移”抗寒驯化实验，目前景区会集 10 余个抗寒品种的梅花近万株。景区一直着力于发展梅花在北京山区的露地栽培（见图 2-7），攻克了温度、湿度、风力、土壤等

难关，在长城古道边实现了“南梅北移”的重大突破。几年来，结合生态景观、梅花产业、梅花文化以及助农富农，在苗木引种、杏砧嫁接、逐步驯化、造型盘扎、实生播种等方面取得了明显、扎实的进展，创造性地实现了“梅映长城”的独特景观，努力实现“北京·长城·梅花”这一重要的景观品牌的渗透率逐年递增，在每年的梅花节（2月中旬至3月底，一般40天左右），接待游客超过10万人次，做到了淡季不淡，并实现了较好的创收。

图 2-7 室内梅花展

2019年4月北京世园会[①]开幕，来自响水湖长城的10余株梅花亮相北京世园会中国馆，包括绿萼、宫粉、朱砂、垂枝品种群的一些名贵品种，在开幕式和展览期间受到专家和游客的一致称赞，参展和参评品种——万里春光、玉骨清嘉以及室外朱砂梅和垂枝梅，充分展示了“南梅北移”取得的成果。参与名花评比的“玉骨清嘉”（绿萼梅）荣获了北京世园会金奖，借助2019年北京世园会的东风，景区与有关方面通力合作，有效推动了“景区＋基地＋

① 2019年中国北京世界园艺博览会，简称2019北京世园会或北京世园会，是经国际园艺生产者协会批准，由中国政府主办、北京市承办的最高级别的世界园艺博览会，是继云南昆明后第二个获得国际园艺生产者协会批准及国际展览局认证授权举办的A1级国际园艺博览会。北京世园会汇聚了世界园艺精华，集中展示了全球花卉园艺新理念、新品种、新技术和特色文化，诠释了绿色发展理念，加强了各国文明互鉴。

农户＋绿化”的长效合作趋势。

2.“养生基地”做依托，“本草长城”续篇章

响水湖长城在2005年开始陆续投入2000万元打造养生大峡谷，养生资源得到有效开发，并于2011年正式被北京市旅游委、北京市中医药管理局评选为“中医药文化旅游示范基地”，这是北京地区首家也是唯一一家坐落于景区的示范基地，2018年又被评选为国家级健康促进基地（北京市仅六家），更是唯一一家坐落在景区的健康促进基地（见图2-8）。

图2-8 响水湖养生基地

2017年依托中医药文化旅游示范基地，响水湖长城瞄准中医药发展方向，依托特有的长城奇观和深厚的中医药文化积淀，提出打造“本草长城”的蓝图；同时还推出了“科普本草弘扬国医”项目，以田间课堂为载体，从认识中医、了解中草药、种植中草药、体验中草药的炮制工艺，到DIY盆栽中草药带回家，让参与者感受中草药在生活中的广泛应用。这些活动都有效推动景区完成从中医药科普到中医药养生项目落地的转变和发展。

3.“响水脆梨”创品牌，“七彩长城”助富农

响水湖长城引入全域旅游新思维、新模式，推出的一年一度的“七彩长城”采摘节，不断推动了“响水脆梨”在京津冀地区的知名度（见图2-9），

达到了整合线路、丰富产品、延长时间的目的。景区通过自身旅游发展，有力地促进了当地一三产结合、三产贯穿，逐步将渤海镇（景区所在地）、景区、农业观光、农产品深加工、文化旅游连成一片，整合成一个乡村旅游集群。例如，2018 年第二十届“七彩长城采摘节”通过整合线路，将当地百姓的果品纳入景区的销售平台，从大榛峪开始逐村逐户帮忙销售百姓手中的滞销果品，最后一直延续到洞台、南冶、沙峪村，其苹果、梨、柿子、山楂红薯均被销售一空，其中沙峪村一大户就为其销售果品 1 万余斤，解决了百姓销售难的问题。

图 2–9 “响水脆梨”

4.“长城红馆”不忘初心，“红色长城”牢记使命

响水湖长城注重挖掘红色资源，开展红色旅游，传承红色基因。响水湖长城在所在地——渤海镇党委的积极指导下，以“传承红色基因，弘扬红色文化”为核心，结合当地实际，充分挖掘沙浴“平北抗日第一枪”红色资源，创办了“长城红馆”，为党员、青少年提供一个传承红色基因的学习阵地，针对不同群体开展了不同主题的体验活动和课程。为了延伸“长城红馆”的作用，在线上设立了“响水湖红色讲堂”微信公众号（见图 2–10），作为党建工作的数字刊物，为“宣讲红色故事、弘扬红色文化、传承红色基因”建立一个平台和载体。

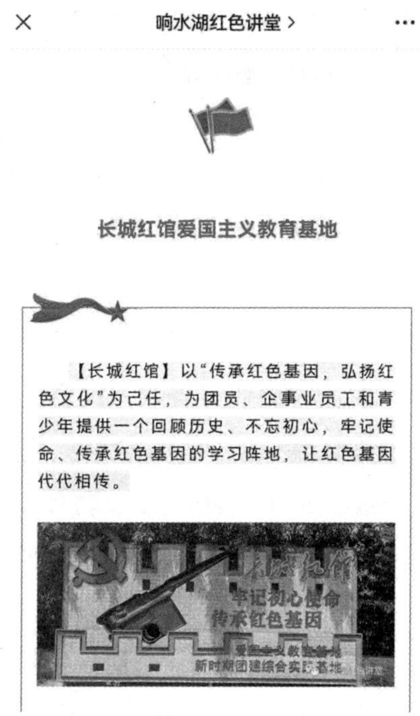

图 2-10　“响水湖红色讲堂”微信公众号

（三）引领区域发展助力乡村振兴

1. 解决当地就业，打开小康之路

响水湖长城注重以“8 小时内经济”为保障，“8 小时外经济”为周边群众打开了创收的致富之路，响水湖长城与周边群众共同致富。自 1998 年景区开业至今为当地群众解决长期就业 35 人，70% 从业人员已经在景区旅游及相关岗位工作了 15~20 年，每年招收临时工 30 余人，有效地增加了当地群众的收入，并在农忙季节灵活调整上下班时间，充分得到当地群众的认可。

2. 推广农副产品销售，带动群众创收

自 2018 年以来景区通过梅花展打响早春旅游第一枪，有效地带动当地农副产品的销售①，2018 年、2019 年梅花节期间还吸引了其他地区的群众到景区

① 根据北京市怀柔区“今日三农栏目”走访粗略统计，带动当地百姓农产品销售200余万元，其中大户年销售收入达到 60 万元，比前几年翻了几番。

门口的农产品市场设立摊位，也取得了较好的收益。

3. 引领产业联盟发展，助推渤海旅游新模式

结合景区“梅花长城、本草长城、七彩长城”发展策略，2017 年响水湖长城牵头成立了“渤海长城梅花产业联盟”（现有会员单位 23 家，其中国企三家），开启渤海全域旅游新模式，制订了“点—线—面”的行动计划，并进行了有效推进。

“点”以响水湖长城为支点，以“梅花长城”为平台，以“大手拉小手”的方式将镇域内的景区 + 农业 + 商业 + 餐饮 + 民俗民宿 + 文化旅游业捆绑为一体，在渤海镇支持下，率先垂范对“渤海旅游”进行整合式推广，整体提升渤海旅游知名度和美誉度，2018—2019 年“渤海长城梅花产业联盟”有效运转取得了非常好的成效，向各家联盟单位推送游客 5 万余人次，使得淡季比旺季接待量还大。

“线”通过“本草长城”的驱动作用，将渤海镇景区、农业观光、民宿旅游串联成线，开辟三条“响水湖 +”的精品旅游线路（响水湖 + 铁军纪念馆、响水湖 + 杏福采摘园、响水湖 + 六渡河精品民宿），打造不同主题的文化产业带，受到了团队客户的欢迎。积极打造“北京市农广校实训基地”平台，承接农业农村部实训人才培训、京津冀一体化对口新型职业农民培训等工作，将渤海镇的休闲农业、精品民宿作为现场教学场地，在推广新经验、新做法的同时，提高渤海旅游的知名度，也为当地带来一定的经济收益。

“面”依托“七彩长城”采摘节，引入全域旅游新思维、新模式，一三产结合，三产贯穿，逐步将渤海镇景区、农业观光、农产品深加工、文化旅游连成一片，整合成一个全域旅游集群，开启渤海镇全域旅游新模式，整体提升“渤海国际旅游小镇”的知名度和美誉度。

第三章
主题公园类旅游景区

第一节 环球恐龙城休闲旅游区[①]

一、基本情况

环球恐龙城休闲旅游区也称为中华恐龙园（以下简称“中华恐龙园”），位于江苏省常州新北区，2010年被评定为国家级5A级旅游景区，是一座将博物、高科技声光电、影视特效与多媒体网络等完美结合，融展示、科普、娱乐、休闲及参与性表演于一体，以恐龙为主题的综合性主题游乐园，总面积600余亩。2000年9月开业，以恐龙主题公园的持续经营理念为核心不断发展壮大，现有七大主题区域、五十多个极限游乐项目、每天三四十场各种风格的主题演出。近年来，中华恐龙园也先后获得“全国科普教育基地”“国家文化产业示范基地”“全国青年文明号”“全国五一劳动奖状”“全国旅游服务质量标杆单位”等一系列荣誉光环。中华恐龙园成功起草并发布实施了中国首个主题公园国家标准《主题公园服务规范》（GB/T 26992—2011）[②]，有效带动了国内主题公园的标准化、规范化和国际化[③]。

---

① 本案例编写参考了中华恐龙园官网（www.cnkly.com）和官方微信公众号（cnczkly）等有关资料，在文化和旅游部5A级旅游景区目录中该景区正式名称为“环球恐龙城休闲旅游区”，但常被称为“中华恐龙园”。

② 《主题公园服务规范》（GB/T 26992—2011）是2011年7月19日发布，2011年12月1日实施的一项国家标准，主要起草单位为常州中华恐龙园有限公司、常州市标准化协会，主要起草人为蒋乃平、沈波、汪黎明、许晓音、喻晓筠、张式凡。标准内容分为八部分，规定了主题公园服务的术语和定义、总则、主题场景、服务提供、安全与应急、投诉处理与满意度测评等，标准主要适用于主题公园的服务与管理。

③ 美国咨询机构艾奕康（AECOM）联合主题娱乐协会（TEA）发布《2018全球主题公园和博物馆报告》显示，中华恐龙园以27.9%的增幅，成为亚太地区前20名主题公园中游客数量增速最快的企业。

二、发展历程

中华恐龙园于1997年9月20日在常州新北区动工，历经3年建设，在2000年9月20日如期开放，2002年2月被评定为国家4A级旅游景区；2003年中华恐龙园把园博园（江苏省第三届园艺博览会会址）归入园中；2004年中华恐龙园魔幻雨林区建成并投入使用；2006年10月中华恐龙园鲁布拉区（整个园区的二期工程）改造工程按时完成并投入使用；2007年12月中华恐龙园熊猫馆建成并投入使用；2008年5月中华恐龙园嘻哈区等部分改造完成；2008年6月新型多媒体互动项目（蛋蛋的魔法屋）建成并投入使用；2009年5月大型的花车游项目开发并有效运作；2009年7月新景点——泰象谷景点建成并投入使用；2009年12月恐龙城大剧场建成并投入使用；2010年5月开发建设了库克苏克大峡谷区；2014年梦幻庄园区、冒险港区开放。

三、服务与管理的主要特点

（一）打造旅游与科普相结合的主题特色

中华恐龙园是科普性较强的旅游目的地，在二十多年的建设过程中不断创新展示手段，注重与相关领域企业进行合作打造高品质项目，有效地建立了中华恐龙馆区、鲁布拉区、库克苏克峡谷、魔幻雨林区、梦幻庄园区、嘻哈恐龙城等特色区域。随着研学旅游的发展，中华恐龙园陆续推出了“寻龙识骨”“夺宝奇兵”等品牌科普研学课程，并研发了从恐龙繁衍到地球演变等10多门类，具有中华恐龙园区自身特色的研学课程体系，真正达到从“游”中学的目的。紧密结合相关科普研学课程，中华恐龙园积极推出了“博物馆奇妙夜”“考古实验室”等动手能力较强的研学产品，打造了从参观博物馆到与恐龙共眠多层级体验①，中华恐龙园常年进入校园进行科普讲座，注重培养

① 例如，2020年中华恐龙园举办第九届恐龙文化节，以“你好，消失的朋友”为主题，通过环保快闪等内容告诉人们要保护地球、保护自己的家园，这类公益活动产生了较大的影响；2022年国庆期间中华恐龙园还创新推出了科普体验探险活动，以“全新的教学内容、全新的教学体验，专属于亲子家庭的沉浸式剧情体验”为特点，通过5大关卡、承载了6个知识点、3项生存技能。

青少年与大自然和谐共处的环保意识，在 2002 年就被授予了“全国青少年科技教育基地”荣誉称号。中华恐龙园主题特色园区如下：

1. 中华恐龙馆区

中华恐龙馆被誉为中华恐龙园的灵魂，也是中华恐龙园的标志性建筑物。中华恐龙馆的建筑外观使用的是仿生建筑方法，从整体上看建筑外形就是三条恐龙，而恐龙身体就是恐龙馆的参观、科普、娱乐的空间，是恐龙化石的专题博物馆，收藏中国较为齐全的恐龙化石。中华恐龙馆内部展厅一共包括五个主厅和六个辅助厅，其中主厅包括中庭、陈列厅、景观厅、观光厅和影视厅，辅助厅有入口大厅、贵宾接待厅、学术报告厅、备用展示厅及屋顶花园、纪念品售卖屋等空间。各厅之间互为关联，为参观者系统展示了恐龙从生存、繁衍、演化直至毁灭的整个过程，华龙鸟、巨型山东龙、许氏禄丰龙等是较为知名的镇馆之宝，馆内通过运用高科技手段，打破了人们对于博物馆的传统观念，同时馆内还开发了“穿越侏罗纪”经典游乐项目和 5D 动感电影，中华恐龙馆已经打造成为一个既能科普、观赏，也能游乐的现代新型博物馆。

2. 鲁布拉区

鲁布拉区是以“鲁布拉文化”[①] 特色为主题的多项游乐设备聚合区（主要游乐设备主要是从意大利等国进口），同时还设有大量有充满鲁布拉文化特色的主题餐厅和礼品屋。游乐项目突出刺激性，主要有巅峰水世界、疯狂火龙钻、雷龙过山车等[②]，比较受年轻游客的喜欢。

3. 库克苏克峡谷

库克苏克峡谷占地面积 6 万平方米，由旱谷和湿谷两部分组成，在该区

① 中华恐龙园打造的“鲁布拉”是一个既摩登又原始的神奇部落。“鲁布拉文化”主题突出表现为部落住着一群石器时代“最酷”的原始人——鲁布拉族人和他们的伙伴——恐龙。

② 巅峰水世界在 2011 年 7 月开始对外开放，邀请世界知名水上项目设计公司针对性打造；疯狂火龙钻采用的悬挂式朝外的座舱，上面可以乘坐 40 人，整台的设备高有 27 米，摆动的时候最高可离地面 44.5 米，最大的摆动幅度达到 120°，上面的游客可以体验强烈的失重以及飞入天际的刺激，是顶级高空摇摆项目；雷龙过山车是一个恐龙大吊车，轨道长达 90 多米，启动 1 秒后这个车就可以提速到 40 公里 / 小时。

域集中较多的高科技和恐龙主题的惊险项目，主要项目有：翼飞冲天、水火动力、通天塔、迷幻魔窟、飞跃恐龙山，同时还设有亲子家庭项目的童子军训练营、暴风眼、4D 动感电影、金刚、龙神古塔等。

4. 魔幻雨林区

魔幻雨林区是 2019 年 6 月投入运营的，耗资 2.5 亿元修建。特色为 4D 过山车、勇闯恐龙山、精彩鸟世界等。

5. 梦幻庄园区

梦幻庄园区是亲子互动的乐园，有 40 多项亲子游乐项目，其中有适合低龄小朋友的小龙游乐城堡，也有可以全家一起体验的体感游戏，历险白垩纪等游乐项目，能够有效满足孩童的娱乐需求，也让成年游客找到了童年的乐趣。

6. 嘻哈恐龙城

嘻哈恐龙城区域内有多套亲子游乐设备，其中有“摇滚恐龙蛋”“跳跳龙”等项目，安全性能较高且刺激程度偏低，适合孩童单独玩或者家庭集体游玩。

（二）以节事活动包装景区带动人气

中华恐龙园注重以春节、狂欢节等传统及自创节事活动带动景区人气，提升景区发展质量。例如，①在春节期间，中华恐龙园注重将时尚潮流和传统年味相结合，举办了“巴洛克灯光节”“过年 N 玩法”“彩虹亲年”等各种春节系列节庆活动。②在每年的 3—5 月，充分挖掘恐龙文化举办“国际恐龙节”，利用各种科技手段，让“恐龙”这一主题元素以多种生动的方式展现在游客面前，同时还注重节事活动中的恐龙知识科普，举办了“恐龙科普万里行”“论道·恐龙的力量”科普论坛等活动。此外还开发出室外亲子互动区域“勇闯恐龙山”、实景挖掘基地“mini 侏罗纪”等创新互动项目。③在每年的 6—8 月，举办“恐龙国际狂欢节”，鲁布拉区的巅峰水世界在狂欢节里每天开放 13 小时，园内的多个景点联合，从多角度展示园区的恐龙文化，以打造夜经济为特色。④以建园 20 年为契机，从 2021 年暑期开始中华恐龙园打造了奇幻大秀——《D 秀》[①]，成为中华恐龙园游览新热点。

（三）门票销售多样化和多元化

中华恐龙园门票销售以方便游客为核心[②]，游客购买渠道主要为两个：①中华恐龙园的售票处或者是官网、官微、微信小程序购买；②美团、携程、大众点评、百度糯米、同程、途牛、马蜂窝[③]等主流旅游平台上购买。

中华恐龙园针对不同平台客户的不同消费特征，推出不同的产品组合（见表 3-1），既能有效地进行宣传，又能有效地提高产品的销量。中华恐龙园不断加强与线上平台的合作，增加景区的曝光率，注重产品在酒店、机票领域的渗透，实现了销售引流。例如，①中华恐龙园主题酒店与爸妈营、卖淘亲子、驴妈妈等亲子平台进行合作，有效增加了酒店的曝光率和预订转化率。② 2018 年中华恐龙园与携程新春专题活动，中华恐龙园展示了携程提供的 3 只秘鲁的羊驼，携程获得中华恐龙园的独家销售权，携程为此进行了大量的线上宣传，中华恐龙园区的销售额大幅上涨，此次活动让中华恐龙园、携程、游客三方均实现了受益。

表 3-1 中华恐龙园价格目录

门票类型	价格	备注
全价票	230	身高 1.5 米以上成人
半价票	115	身高 1.2~1.5 米的儿童；60~69 周岁的成人

① 《D秀》中的“D”取自英文“Dinosaur”的第一个字母，寓意着中华恐龙园，同时“D”也是常州的一个地域符号，也寓意着常州的第一秀。2021 年 7 月，恰逢中华恐龙园建成 20 周年推出，以“不一样的恐龙园”理念为核心，是运用多媒体及机械装置，配合光影等手段的旅游演绎，《D 秀》主要内容讲述了一个从过去到未来、从历史到幻想的与恐龙紧密联结的故事，总共分为源启、绚烂、浩劫、沉寂、星火、神迹、新生、复始 8 个篇章。

② 例如，在每年的各类节日，学生是购买门票的主力军，他们大多线上进行购买。

③ 中华恐龙园是与马蜂窝直签的第一家5A景区，在与其合作的头三个月，点击量达到了500%的增长。

续表

门票类型	价格	备注
免票	儿童 1.2 米以下免票；老年人（凭有效身份证）70 周岁以上免票；现役军人、残疾军人（凭有效身份证件每日每证限换白天门票一次）；新闻记者（凭国家新闻总署、国家广电总局颁发、经核实有效的证件）免票	
二日二次入园全票价	258	身高 1.5 米以上成人
二日二次入园半价票	160	身高 1.2~1.5 米的儿童；60~69 周岁的成人

中华恐龙园的价格多样、灵活，注重根据游客游园的频率制定灵活的门票价格，对于游园频率高的游客，可以购买“两日无限次入园”的门票，价格大约 600 元；常州的本地人可以购买价格约为 400 元的年卡，一年内不限制次数，可以进入园区游玩。此外，还为不同年龄阶段的游客制定了不同的门票价格。例如，① 2019 年为亲子家庭制定亲子门票价格，2 个成人或者 1 个成人加上 1 个儿童（1.2 米 ~1.5 米），并整合园区的商品、科普研学课程、餐饮等项目，组合出 15 种亲子产品，满足不同亲子家庭的游园的需求。②中华恐龙园为老顾客特意推出年卡，年卡分为成人年卡、家庭年卡、儿童年卡等，2019 年开始中华恐龙园推出恐龙园 + 水世界家庭年卡、夜游卡。③每次推出年卡的时候，中华恐龙园均会进行拼团促销活动，在 6・18 和双十一这样的节日里，还会进行砍价促销活动，砍价促销具有很强的裂变传播性，同时也增加游客在购买门票时的参与性和趣味性。

中华恐龙园积极尝试新的“门票 +”业务模式，2017 年中华恐龙园自建了自己的官方商城“趣周边”[①]，这个商城是以销售中华恐龙园门票为中心，且注重与酒店、餐饮、商品进行多种组合进行综合销售，体现出了较好的直销、分销的功能，官方商城也实现了与大型的 OTA 进行票务的对接，同时具有票

① 中华恐龙园在商城搭建的基础上，与智游宝系统合作，此外，还进行了有效的大数据分析，为进一步销售、营销提供了有力的数据支撑。智游宝是电子票务交易的一个核心环节，是在电子票务交易中负责验票码的生成、编码、发码、验码、管理，以及签发数字证书、确认用户身份等网上电子交易安全服务，是连接景区与分销商的第三方服务平台。

务的改期和退款功能，运营第一年（2018 年）营业收入就达到了 3500 万元。

（四）推广与各方合作，提升品牌形象

1. 始终注重“恐龙”这一核心主题元素

中华恐龙园自建立伊始一直坚守以恐龙为主题，丰富景区恐龙文化。景区和标志性建筑——中华恐龙馆首先从馆体的外形上就选择三条硕大的恐龙，同时在馆区为人们展示恐龙从生存到毁灭的整个过程，告诉人类必须要保护自己生活环境。其次在园区的各个主题区域都有以恐龙文化为主题的体验项目。

2. 积极合作不断拓宽产品线

依托 20 余年的主题公园的经营资源与经验，早在 2011 年就起草并发布实施了中国首个主题公园国家标准《主题公园服务规范》（GB/T 26992—2011），为文化旅游业特别是主题公园提供文化创意策划、景区管理咨询解决方案等服务，受到业界普遍欢迎，并在田园乡村旅游、文旅特色小镇等开发与建设方面硕果累累。中华恐龙园还积极利用恐龙品牌形象与知名企业合作[①]，打造了以恐龙文化为主题的恐龙餐厅，实现了主题公园与餐饮品牌的跨界合作。同时不断加大与专业航空企业合作，与托马斯、春秋航空等多领域企业也进行了有效合作[②]，使中华恐龙园的品牌形象传递广泛，并持续吸引青年游客的注意。

---

① 近年来，中华恐龙园与江苏、安徽的450家肯德基、华北的66家真功夫、北京的110家必胜客进行了有效的品牌合作，且效果明显。例如：中华恐龙园与必胜客推出了南京、合肥、扬州等 8 家恐龙主题门店，与苏皖区域的必胜客门店推出“必胜乐园嗨翻天”活动，前来必胜客就餐的客人只需要扫码就可以参与活动，就餐的客人有机会获得中华恐龙园、水世界的门票，双方还在线上进行了大量的宣传。

② 例如，2018年12月，中华恐龙园与北京直客通公司进行合作，通过朋友圈转发进行传播销售，这次活动最终实现销售公园门票 4500 余张，朋友圈转发的次数超过 8.7 万次；2019 年 1 月，中华恐龙园与交通行业进行跨界合作，共同在沪宁线高速公路设立了芳茂山恐龙主题服务区，服务区内大量融入了恐龙文化、科技元素，形象逼真的恐龙、智能化的卫生间，完全超出人们对服务区的认知，通过服务区流动的人流，中华恐龙园的品牌得以广泛传播；2019 年 6 月，中华恐龙园与服饰品牌——棉仓进行跨界合作，双方共同打造了中华恐龙园专属的联名 T 恤，恐龙潮酷元素“DINOTEE”系列，以家庭为单位设计了 5 个品类，共 12 款，包含了男、女、儿童系列，一经推出就销售一空。

（五）以生态环境适宜为核心逐渐完善配套设施

1. 建立独具特色的食宿设施

中华恐龙园现有主题酒店以恐龙为特色主题，其中的恐龙主题度假酒店拥有 288 间客房（分为恐龙树屋、西部牛仔、海底世界、绿野仙踪、森林木屋、陶尔迷城六个主题），恐龙人俱乐部酒店①目标群体是亲子家庭②，还原了恐龙生活的侏罗纪丛林环境。此外，园区附近还有恐龙主题的恐龙谷温泉，缓解游客的疲劳。

2. 以餐厅为核心提振游客的二次消费

完善了丰富的餐厅体系。例如，中华恐龙园最老牌的大型餐厅——侏罗纪餐厅，这家餐厅为游客提供 20 多种中式简餐；最大的餐厅——峡谷餐厅，为游客提供各种江南小炒，还有正宗的常州美食；最大的西式快餐厅——罗浮欢乐餐厅，为游客提供炸鸡、汉堡、薯条等西式快餐食品；特色甜品的美食店——小龙的甜品工坊也是较早的原创动漫主题餐厅。除了这些餐厅，园区还有许多大大小小的餐厅，如侏罗纪美食街、苏阿姨水饺等有效地促进了游客的二次消费。

3. 始终注重营造园区的绿色生态环境

中华恐龙园有 7 万多平方米的草坪，并移栽了 4000 多棵名贵树木和许多奇花异草。中华恐龙园借助 2001 年第三届江苏省园艺博览会的承办机会，开

---

① 恐龙人俱乐部酒店是全国十大主题酒店之一。该酒店拥有得天独厚的地理优势，距中华恐龙园正门及侏罗纪水世界约 80 米。酒店拥有鲜明的恐龙主题元素、完善的休闲服务配套，入住还可畅享 VIP 专属特权，是一座集主题住宿、主题餐厅、一站式家庭娱乐为一体的综合性旅游度假酒店。酒店拥有两百余间主题客房，包含 7 大主题、13 种风格迥异的房型：霸王龙洞穴、翼龙巢穴、考古帐篷、探险家住所、航海家住所、部落文化、胶囊房，讲述了探险家 D 先生穿越回侏罗纪时代充满奇幻的考古冒险旅程。

② 恐龙人俱乐部酒店突出亲子家庭元素，积极利用科技手段，让入住孩童充分感知远古时代的生活环境。同时从酒店的房间外的门牌、壁灯，到房间内部孩童使用的浴袍、牙刷都带有恐龙的标识，满足游客多方面的需求。恐龙人俱乐部酒店还配备了一站式家庭娱乐中心——恐龙俱乐部，设置了恐龙大师课堂、梦幻镜子迷宫、密室逃脱等多项互动项目，满足游客住宿休闲、亲子娱乐、探秘历险的全方位需求。

启了大面积绿色环境营造[①]，2021年年初，把“亲近自然、保护环境、关爱生命、不让恐龙的昨天成为人类的明天”作为景区的企业宗旨，将原生态、原形态等要素纳入企业的产业链条中，积极推进国家“碳中和”目标的达成。

（六）创新开发多种类的文创产品

1. 突出景区内部主题形象

在中华恐龙园每一个区域内，都有不同的故事，根据故事情节布置区域场景并设置了主题娱乐项目。中华恐龙园一直推出精彩的主题表演，2005 年推出的《海洋宝贝》，2006 年推出《鲁布拉神话》，2008 年，中华恐龙园聘请了姜刚编导（《印象·刘三姐》的执行编导）、舞美制作李沐先生、作曲家魏小童（2006 年央视青年歌曲大赛最佳作曲奖）等人制作国内首台大型音乐剧《鲁乐回家》，整个表演过程全部真人演唱，深受观众的喜爱。

2. 营造沉浸式体验方式

随着文旅融合的趋势，中华恐龙园先后推出了 4D 影院《翼龙骑士》[②]、魔幻剧《库克传奇》等项目，2017 年中华恐龙园推出了“艾琳世界”，园区通过不同的故事场景带给游客不断的惊喜体验，在艾琳世界里，每一个游客都是参与者，参与到园区的路秀表演、各种体验项目，使游客完全沉浸于艾琳世界中，真正做到了从剧情到现实的无缝衔接。2019 年中华恐龙园推出了“恐龙基因研究中心”体验项目，打造了沉浸式侏罗纪实景体验项目。2020 年的暑期，中华恐龙园与喜马拉雅进行合作，在喜马拉雅平台上推出了《恐龙全知道》和《恐龙时空大冒险》有声剧，一共 45 集的科普故事。

---

① 2001年中华恐龙园利用第三届江苏省园艺博览会的承办机会，全面开展了地形调整、增设景点、地面绿化等工作，一共调整园区面积共达 15 万平方米，增加了建筑面积 3090 平方米，开挖河道 2.2 万平方米，新栽植花草 200 万株、名贵树木 500 多株，绿化面积共计 15 万平方米，建造了一座造型独特的建筑——蛋形温室，作为景区绿色环境发展的典型代表成果。

② 《翼龙骑士》是中华恐龙园原创IP故事，故事讲述了梦想成为一名伟大的翼龙骑士的快乐清洁工唐博，在军队和伙伴的帮助下，克服重重困难，团结伙伴成功打败了巨型怪兽，保护了库克苏克，成了一名优秀的翼龙骑士。4D 电影《翼龙骑士》使人们坐在特效座椅上就能够随着影片进展感受到风吹雨打及振动，切实达到了逼真效果的沉浸式体验。

3. 专属文创产品不断涌现

中华恐龙园借助“恐龙”这一符号，开发专属的文创产品。从2019年开始中华恐龙园进一步加大了文创产品的研发力度，目前已经开发了12大种类，共400多个品种，如衣服、玩具、食品、影音制品等。例如，2019年中华恐龙园“2019年新款文创T恤”和“木质恐龙卡通车载”深受游客的喜爱。如恐龙雪糕①因为造型可爱、口感独特，自2019年6月上市以来，每周均售出5万根左右，被称为“好吃且有颜值”的雪糕。

第二节　大连老虎滩海洋公园②

一、基本情况

大连老虎滩海洋公园（以下简称“老虎滩海洋公园”）位于辽宁省大连南部海滨的中部，公园面积118万平方米，景区内海岸线4000余米。老虎滩海洋公园是一个集娱乐、观光、文化、科普于一体的现代化海洋主题公园，2007年被评定为国家首批5A级旅游景区。老虎滩海洋公园已经成为大连城市的著名景点，每年大约200多万人次来此旅游。老虎滩海洋公园由极地海洋动物馆、海兽馆、珊瑚馆、欢乐剧场等多项工程构成主题，开发时找准了发展中国旅游业的空白点，同时也树立了中国海洋公园的榜样。

二、发展历程

老虎滩海洋公园雏形始于大连市政府在19世纪80年代末到90年代初排污处置绿化工程。1990年大连市进行了填海项目的实施，变成了人工沙滩，并在公园现址对原水产船厂等周边临建设施进行了动迁，修建成现在的公园雏

---

① 恐龙雪糕是中华恐龙园联合高校的美术学院进行研发的产品，已经成为中华恐龙园的打卡标志了。

② 本案例编写参考了大连老虎滩海洋公园官网（www.laohutan.com.cn）和官方微信公众号（laohutanhaiyangpark）等有关资料。

形——大连虎滩乐园。乐园建设初就有着优美的自然风光，在公园建成后，种植了许多的树木，同时也修建了大面积的草坪，并建立了多个景点。

1987年10月，大连风景区管理处与北京机电供销总公司合作建设了跨海游览索道，1989年4月正式营业，索道全长共600米。1991年1月，大连市政府成立大连虎滩乐园工程改造指挥部，拉开了老虎滩全面改造的序幕。1990年8月，乐园海豚表演馆破土动工，占地3500平方米，建筑面积2700平方米，建有表演池、饲养池、训练池和1500个客位阶梯式看台及其地辅助设施327平方米，是中国内地第一座永久性海豚表演场所，并从香港引进了一对海豚“嘻嘻”“哈哈”，表演双环顶球等20个精彩节目。1991年6月鸟语林破土动工，选址在菱角湾广场北部山谷间，1992年5月鸟语林同水下世界一起举行开业仪式，同日虎滩乐园举行正式开园仪式。

1993年6月，水下世界开始二期工程，触摸池、企鹅池、海龟池等得以建成，游客可以更加清晰地观看水下生活的动物。2000年“大连虎滩乐园”正式更名为“大连老虎滩海洋公园”，2002年老虎滩海洋公园被评为中国旅游知名品牌。2005年开始创建国家5A级旅游景区，2007年5月，被评定为首批国家5A级旅游景区，是首批5A级景区中唯一的一家海洋主题公园，并顺利地通过了ISO 9001质量管理体系和ISO 14001环境管理体系的国际认证。

三、服务与管理的主要特点

（一）注重打造特有的滨海主题文化

老虎滩海洋公园依托滨海城市——大连市，游客来老虎滩海洋公园游玩除了观赏现代化的旅游景观，还要感受这里的海洋文化。大连老虎滩海洋公园以海洋元素为核心，对园区进行了有序规划，重点推出了珊瑚馆、鸟语林、侏罗纪、极地馆、旅游船、海兽馆、海盗船、四维影院等，使游客在这里可以认识海洋动物，观看海洋动物的表演，感受人与动物和谐相处的氛围。老虎滩海洋公园在初始建设时，大量融入海洋文化景观，总结推出“鸟类表演、木偶表演、驯兽表演、海洋动物表演、潜水表演”等传统海洋主题展现方式，并逐渐发展出了“孔雀东南飞表演、美人鱼表演、海狮表演”的“虎滩三绝”。富有滨海主题文化特色的场馆主要有：

1. 珊瑚馆

珊瑚馆是 2003 年 5 月建成开放，各类精品珊瑚共 200 余种，珊瑚礁鱼共有 1000 余尾，馆内一共有六大区域，分珊瑚及珊瑚鱼精品区、海底实验室、水中万花筒、沉船探宝、科普走廊、潜水等，馆内陈列稀有的珊瑚树、大榔头珊、色彩变化多样的玫瑰珊瑚、香菇珊瑚、绿脑珊瑚、宝石花珊瑚、皮革珊瑚、海百合珊瑚等，馆内有一条长十余米的“海底隧道”，以 90° 的角度展示珊瑚及珊瑚礁鱼类。同时还设有“海底实验室”（它模拟了太空实验室场景，大大增加游客的参与性），以及水下梦幻婚礼、美人鱼、水中芭蕾、水下漫步等潜水表演项目。

2. 鸟语林和侏罗纪

鸟语林占地 1.8 公顷，位于老虎滩海洋公园西南的山谷中，饲养着孔雀、百灵等 150 多个品种的鸟禽。旅游活动呈现主要是鸟类表演，有白鹦鹉走钢丝、骑自行车等项目，最具特色的是“孔雀东南飞”的表演，每次当孔雀从山上飞向山下的时候，就像五彩云霞从天而降，令游客震惊不已。侏罗纪激流探险区域为大型涉水项目，占地面积 8600 平方米。

3. 极地馆

极地馆一共分为五大展区，它的主体共三层。第一展区是极地动物展示，有南极和北极的海洋动物，可以观看到海象、海狮、海狗、企鹅等珍稀的极地动物。第二展区是科普教育区，可以通过触摸电脑屏幕，了解海洋动物的生活习性等科普知识，还有各种考察队员曾经使用过的物品以及一些极地动物的标本。第三展区是神秘的海底世界，有 360° 的水中通道、水中观景大厅，可以看到水母、海马、鳐鱼、石斑鱼、各种鲟类等各类稀有的海洋生物。第四展区是海洋动物表演场所，能为游客呈现海狮、海豚的精彩表演。第五展区是为游客配套的服务功能区域。

4. 海兽馆

海兽馆一共分为地下一层，地上二层，整个池内都是循环水，24 小时无限循环，有海狗、海豹、非洲海狮等海洋动物。

5. 海盗村

海盗村的硬件设施、游乐设施的包装都是以海盗和海盗景物的卡通造型为主。

（二）市场定位准确

2000 年大连虎滩乐园正式更名为“大连老虎滩海洋公园”后，针对群体以城市居民和青年游客、家庭游客为主，老虎滩海洋公园里各项目突出“寓教于乐”。老虎滩海洋公园通过人与海洋生物的亲密接触，增加人与海洋动物的互动环节，在这互动的过程中起到了寓教于乐的作用，也充分体现出海洋文化和它的教育意义。在这基础上海洋公园制定出了海洋公园发展的全新目标“成为国际领先，中国最好的海洋主题公园，中国的骄傲，大连旅游的地标”。

根据自身海洋资源的独特价值和企业自身的条件，老虎滩海洋公园在极地馆的鲸豚剧场，会集了众多极地动物明星和全球顶尖特技演员，推出了唯美而又浪漫的大型海洋舞台剧，可以使游客体验神奇的海洋探险之旅[①]。这些极地动物、海洋生物的表演都展示了老虎滩海洋公园鲜明的主题特征，也吸引了无数的游客，它的海洋文化也深入游客的心中。

在经营定位上，老虎滩海洋公园的发展思路是“求异、求精、求变”，“求异”就是在经营上与众不同，与传统景区不同，景区建设初期首先建立了海底世界、鸟语林等景点，这在当时国内其他海洋公园等主题公园是没有的，当其他海洋公园纷纷设立类似产品时，老虎滩海洋公园把海底世界改造成珊瑚馆，成为国内乃至亚洲范围内规模宏大的特色珊瑚馆。2002 年建成的极地馆又是海洋主题的项目，建成时是世界范围内同类建筑规模最大，也是展示

① 还有潜水表演员与黄金鲹联袂出场，刮起水中“金色旋风”，绝美的人鱼公主携手海洋精灵翩然而至，在湛蓝的海水中穿梭游弋，与千尾黄金鲹优雅共舞，给游客带来海底探秘的全新体验和如梦如幻的视觉享受。在欢乐剧场里面滑稽搞笑的小丑与可爱的海狮、海象展开精彩 PK 赛。

极地动物最多、最全的场馆之一。

（三）制定灵活的景区门票体系

老虎滩海洋公园现在实行的是一票制且多样化的门票价格（见表 3-2），其中包含极地馆、珊瑚馆、鸟语林、欢乐剧场、海兽馆五个场馆的门票，这也是公园内最为经典的景点，也是游客必去的打卡地，同时为了满足游客的个性化的需求，其他项目都列为自费项目。

表 3-2　老虎滩海洋公园门票价格（旺季）

票务类型	优惠票务价格及说明
门票	五馆票：220 元 / 人·次
索道	成人单程票 60 元 / 人·次（自愿选择） 儿童单程票 30 元 / 人·次（自愿选择） 成人往返票 80 元 / 人·次（自愿选择） 儿童往返票 40 元 / 人·次（自愿选择） （儿童票范围：1.1~1.3 米（含）以下儿童）
海上游船	成人票 130 元 / 人·次（自愿选择） 儿童票 50 元 / 人·次（自愿选择） ［儿童票范围：1.2~1.5 米（含）以下，13 周岁以下儿童］
电瓶车	10 元 / 人·次（自愿选择）
注：当日购买门票当日有效	

此外，公园还根据旅游淡旺季，对价格进行调整（见表 3-3），旺季 210 元，淡季 190 元；并对不同旅游者群体，如残疾人、儿童、老年人实行价格优惠政策，受到了游客和社会的好评。11 月 1 日—翌年 3 月 31 日执行淡季票价，即零售 200 元，学生、军人、残疾人 160 元，老年票 95 元。冬季票含大门、极地馆、珊瑚馆、海兽馆、鸟语林等场馆，欢乐剧场冬季闭馆。官网上购买通票为 190 元。

表 3-3　老虎滩海洋公园门票优惠政策

1	6 周岁（含 6 周岁）以下或身高 1.3 米（含 1.3 米）以下儿童免票
2	6 周岁（不含 6 周岁）~18 周岁（含 18 周岁）未成年人以及全日制大学本科及以下学历学生凭有效证件购学生优惠票（150 元）

续表

3	60~69 周岁老年人凭有效证件购买半价票。70 周岁（含）以上老人凭有效证件可免费进入公园园区，参观场馆需购买 70 元长者票
4	现役军人、军队离退休干部，凭有效证件免费进入公园园区，参观场馆购买军人优惠票（150 元）。在职、退休消防救援人员及消防救援院校学员享受与现役军人同等待遇
5	残疾人、伤残军人、残疾消防救援人员凭身份证和残疾证每周一免费（公园举办商业性文体活动时除外）；除周一免费接待日外的其他时间，残疾人、伤残军人、残疾消防救援人员凭身份证和残疾证在 1 号售票窗口购买优惠票（100 元）；公园入园和鸟语林免票。盲人、双下肢残疾人、重度智力和精神残疾人的一名陪护人员与所陪护残疾人优惠一致

（四）建立具有自身特色的销售渠道

老虎滩海洋公园在运营初期（2000—2010 年左右），注重与大连市当地旅行社进行合作，通过当地旅行社的销售网络，扩大自己的销售渠道。2010 年以后，随着景区的不断发展及互联网时代的到来，有效建立了功能较为完善的官网和官微（见图 3-1），在这两个平台上都可以购买海洋公园门票，并与其他线上平台合作销售门票，在 2022 年元旦大连老虎滩本命年百虎赐福活动中，在官微，以及与美团、携程、Ai 游大连、同程合作，每天全网限量 1000 张，大大刺激年轻游客的购买欲望，也为游客带来更多的便利。

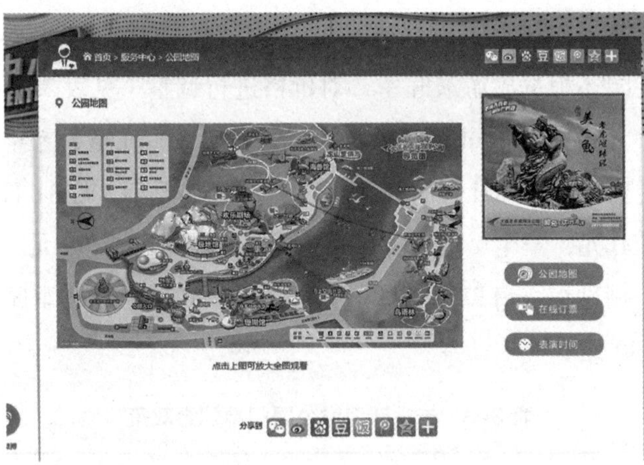

图 3–1　老虎滩海洋公园官网提供了完善的公园地图服务

注：图片来源于老虎滩海洋公园官网，http：//www.laohutan.com.cn/channel.php?id=26，点击官网展示地图可以详细查看有关景点的详细信息，并可以在微信等平台及时分享。

（五）打造独具特色的“虎滩文化”

1. 创造游客的幸福

老虎滩海洋公园经营理念是“创造游客的幸福”，并把“创造游客的幸福”的经营理念贯穿于整个园区运营中。例如，在游览中的卡通形象展示，演员们随时和游客互动，摆出可爱天真的表情；游客可以与其自由互动和拍照，营造出欢乐和谐的气氛。务实的经营理念丰富和发展了虎滩的商业文化，在硬件建设方面，景区非常重视建设娱乐的配套设施，让游客在旅游的过程中玩得开心、乐在其中。在软件创作方面，注重游客想要什么，以打造使游客的整个出行过程安全、有序、方便、舒适为核心进行设计，在知名产品——侏罗纪激流探险中，游客常被雕塑人物的造型深深吸引，因而在这个环节中拍照率相当高，使游客真正感受到了游玩的乐趣。

2. 诚信、善良、亲情

不断完善“诚信、善良、亲情”的服务，形成了老虎滩海洋公园独有的服务文化，并深得游客的喜欢。在老虎滩海洋公园游览过程中，游客充分感受到公园工作人员的热情服务，大大提高了游玩的兴致。公园注重服务质量的有效改进，专门设立了质量管理部门，并制定了优质服务标准，在实际工作中把标准执行和员工绩效发放紧密联系在一起，有效地提升了员工特别是一线员工的服务水平。为了减少员工流失，老虎滩海洋公园制订了系列化的培训计划，以规划员工职业生涯发展为特色，积极举办各种竞赛，如演讲比赛、售票技能比赛、礼仪比赛等，除聘请专家进入景区为员工进行业务培训之外，还经常派员工到国内外进行学习，员工的素质得以提升，大大提高学习业务的积极性，有效减少了员工的流失，并有效提升了服务水平。

3. 有效构筑文旅融合

为了“推动非遗与旅游融合发展。支持非遗有机融入景区、进社区”等工作要求，2022 年 6 月，大连市部分非遗项目代表性传承人走进老虎滩海洋公园，举办非遗市集。活动现场有大连核雕、大连贝雕、民间传统面塑技艺、吹糖人等近 20 项国家级、省级和市级非遗项目进行现场展示。此次活动一方面宣传了中华优秀传统文化，营造节日氛围，讲好大连故事；另一方面有效地促进了老虎滩海洋公园文旅融合发展。

（六）积极开展促销活动

1. 注重宣传与节庆活动相结合

老虎滩海洋公园的推广方式主要采取宣传与节庆活动相结合的方式，是一种以广告宣传为主，节庆活动为辅的组合形式（见表 3-4）。公园与各地方电视台进行合作，在黄金时间段播放广告，同时在火车站、机场的候车厅投放景区视频，吸引候车的乘客，并在各地区的公交车上投放广告，提高各地游客的收看率。同时为充分发挥节日对旅游促销的作用，海洋公园经常利用重大节日进行广告宣传或举办一些重大的公益活动[①]。

表 3-4　老虎滩海洋公园主要节事活动一览表

序号	活动名称	活动时间
1	虎滩过大年	2 月 6 日—2 月 28 日
2	女神节	3 月 5 日—3 月 8 日
3	大连老虎滩海鸟保护节	4 月 3 日
4	清明节来虎滩	4 月 3 日—4 月 5 日
5	亿起来，集五一劳动卡	4 月 29 日—5 月 6 日
6	虎滩时光机载您过端午	6 月 1 日—6 月 15 日
7	光影艺术节	7 月 16 日
8	桃李芬芳，致谢师恩	9 月 10 日—9 月 12 日
9	共赏中秋烟火秀	9 月 18 日—9 月 22 日
10	浪漫老虎滩，璀璨烟花秀	10 月 1 日—10 月 7 日

① 例如，2014 年春节南极童话村、春季海鸟保护月、六月兄弟姐妹节、夏季谁和我们 PK、双“十一”期间的“带上女同学，一起游虎滩”的活动等。2022 年大连市旅游协会携手大连老虎滩海洋公园举办了“爱大连 · 我为城市代言——大连‘海之星杯’老虎滩海洋公园城市小天使评选公益活动”，这些公益性活动，都提高了大连老虎滩海洋公园的美誉度。

2. 线上促销进行拓展和创新

老虎滩海洋公园对线上促销进行拓展和创新，通过官方微博和微信，及时发布公园动态和新闻，并积极做好事件营销。例如，在2020年9月，结合大连旅游消费券第二期发放活动，大连市文化和旅游局、大连市旅游集团再次联合通过携程网行游大连微信小程序，推出精品景区惠民游活动第二期组合产品[①]，努力实现大连旅游淡季不淡、旅游产业复苏振兴的目标；在2022年的虎年春节及后续，为了有效推动门票销售，进行了一系列的优惠活动[②]；并利用游客偏爱“海上游”的喜好，在2022年暑期与开世航海时代、老码头景区等企业推出“海上游大连”系列海洋旅游活动[③]。

（七）开展各种科普活动

老虎滩海洋公园与大连高校、科研机构开发了一系列科普活动，推动研学旅游的发展。在2022年推出了“蛋仔奇遇记”“小小饲养员”[④]等课程。在2022年5月22日在珊瑚馆举办了“小丑鱼历险记”科普活动，20多组亲子家庭参加这次活动。这次活动为小朋友布置了8项任务，小朋友每完成一项任务就可以获得一个爱心，当获取8个爱心时，就可以为其颁发老虎滩小虎勋章和证书。通过这次活动，孩子们了解小丑鱼的繁殖过程，也理解了生命的意义，活动受到孩童和家长们的普遍欢迎。

---

① 在这次活动中，大连老虎滩海洋公园、大连森林动物园两大景区在携程网行游大连微信小程序购票立减100元，可享受最低152元优惠票价。

② 2022年1月25日至2月15日期间，大连老虎滩推出公园四馆新春儿童票仅需9.9元，四馆新春特惠票99元，四馆＋四大体验项目新春套票149元。2022年2月1日至2月7日，在各大线上平台发行限量抢购票69元，每日每平台限量30张。对于属虎游客仅需19.9元即可畅游虎滩冬季四馆。公园还推出了“虎人”特惠票，只要身份证原件上有“虎”字，即可在公园售票窗口购买1张69元的四馆门票。

③ 在这次活动中开通了老虎滩到棒棰岛的航线，沿途可以欣赏老虎牙、美人蕉等景区风光。因为在海上航行总会有海鸥相伴，推出投喂海鸥的互动环节，使得游客在游览的过程中既能体验大海的辽阔，又能感受人与自然的和谐。

④ 2022年8月，大连老虎滩海洋公园推出了小小饲养员——孵化训练中级营，授课的地点就是鸟语林，由鸟语林有16年经验的专业导师亲自授课指导，让孩童们了解蛋宝宝是如何形成的。孵化过程中需要做什么？破壳后如何处理，如何饲养？还发放鸟食，可以上山喂鸟亲鸟。通过这样的体验，不仅为孩童提供专业的孵化知识，也培养了孩童的动手能力、观察力、耐心、责任心和爱心。

第四章 文化景观类旅游景区

第一节　湄洲岛妈祖文化旅游区[①]

一、基本情况

湄洲岛妈祖文化旅游区涵盖了湄洲岛优质旅游资源[②]，是福建旅游的主要品牌，2020年被评定为国家5A级旅游景区。湄洲岛最为核心的旅游资源“妈祖祖庙”最早建于宋雍熙四年（公元987年），历经宋、元、明、清四个朝代的修葺和扩建，以及“文革”后的重建和1998年的增建，现已形成规模庞大、雄伟壮观、殿阁纵横的祖庙建筑群。“妈祖信仰”[③]是全国首批非物质文化遗产（2006年）、我国首个信俗类世界遗产（世界非物质遗产[④]，2009年），湄洲岛也获得“世界节日活动之城”[⑤]（中国首个人口10万以下组别获此殊荣的城

① 本案例资料由大地风景文旅集团提供，并参考了湄洲岛妈祖文化旅游区官网（www.mzdtour.com）的有关资料。

② 湄洲岛是福建省莆田市秀屿区湄洲镇辖岛，全岛陆域面积14.35平方公里，人口4.05万，下辖湄洲镇共11个村。湄洲岛全岛南北纵向狭长，形如眉毛而得名，被誉为“南国蓬莱”，是妈祖文化的发祥地。湄洲岛包括大小岛、屿、礁30多个，有扣人心弦的湄屿潮音、“东方夏威夷”九宝澜黄金沙滩、“小石林”鹅尾怪石等风景名胜30多处。1988年经福建省政府批准设立省级对外开放旅游经济区，1992年成为国务院批准创办的国家级旅游度假区。湄洲岛妈祖文化旅游区结合湄洲岛实际，划定约6平方公里作为5A级旅游景区范围。

③ 妈祖原名林默娘，公元960年农历三月二十三诞生在湄洲岛上，公元987年农历九月初九，因救助海难而献出年轻的生命。湄洲岛上百姓因感念她生前乐于助人的好品德而在岛上立庙祭祀。随着航海业的发展和妈祖影响的扩大，历代朝廷封妈祖为天妃、天后、天上圣母等36次褒封，逐步树立了妈祖“海上女神”的崇高地位。千余年来，妈祖信仰从湄洲岛传播到世界各地，形成凡是有华人的地方就有妈祖宫庙，就有妈祖信仰者的独特文化现象。妈祖信俗从湄洲妈祖祖庙传播开来的一千多年来，全世界从湄洲祖庙分灵出去的妈祖宫庙有一万多座，澳大利亚、新加坡、印度尼西亚、马来西亚、菲律宾、泰国、越南、日本、缅甸、法国、印度、美国、德国、丹麦、巴西、阿根廷、意大利、南非等全世界五大洲47个国家和地区，3亿多信众，每年到湄洲岛进香朝拜的海内外香客达几百万人次。

④ 2009年9月30日，联合国教科文组织保护非物质文化遗产政府间委员会第四次会议审议决定，将“妈祖信俗”列入世界人类非物质文化遗产代表作名录，是中国首个“信俗类”世界遗产。

⑤ 2011年10月，国际节庆协会（IFEA）第56届年会（在美国得克萨斯州沃斯堡市召开）上，湄洲岛成功摘取城市人口10万以下组别的“世界节日活动之城”桂冠，是中国首个人口10万以下组别的申报城市获此殊荣。评委会认为“湄洲岛的地方政府拥有突出的社区领导能力，同时社区居民长期以来都在为办好节庆活动而共同努力，且能不断改善城市环境来持续成功举办节庆活动”。这是湄洲岛继“妈祖信俗”被列入世界非物质文化遗产后获得的第二张世界名片。

市）、全国重点文物保护单位等称号。湄洲岛立足滨海旅游资源优势，突出妈祖文化特色，不断加大投入，进一步优化旅游环境，提高服务质量，增强旅游地吸引力和竞争力，促进景区和谐发展和全面进步。

二、开发历程

湄洲岛于 1988 年经福建省政府批准设立省级对外开放旅游经济区，1992 年成为国务院批准创办的国家旅游度假区，2002 年 2 月被评为国家 4A 级旅游景区，2012 年被批准为国家级风景名胜区、国家级海洋公园。2019 年湄洲岛妈祖文化旅游景区通过文化和旅游部组织的景观价值评定报告，2020 年被评定为国家 5A 级旅游景区。

湄洲岛同时也是国家级风景名胜区、海洋特别保护区和国家旅游度假区，在落实“一带一路”倡议、生态文明建设和促进对台交流等方面具有独特的优势和作用。2017 年，习近平总书记殷切嘱托要保护好湄洲岛。为了全力推动湄洲岛发展再上新台阶，莆田市委市政府出台了《关于切实保护好湄洲岛的若干意见》，并制定了《莆田市湄洲岛保护管理条例》①，一系列的创新举措，让保护好湄洲岛工作有力有序推进。

湄洲岛妈祖文化旅游区自 2013 年年底启动 5A 级旅游景区创建，通过多年凝心聚力，湄洲岛党工委、管委会、创建 5A 级旅游景区工作小组紧紧围绕“国际旅游目的地和朝圣岛、旅游岛、生态岛”的建设目标和“高起点提升、高标准建设、高效率管理”的部署要求，按照“开发与保护并重、经营与管理并举”的发展思路，不断加快推进旅游产业转型升级，加大旅游投入，为夯实湄洲岛文旅资源保护、旅游公共服务设施体系建设，湄洲岛累计投资 35 亿元，

① 2017年12月，莆田市委市政府出台了《关于切实保护好湄洲岛的若干意见》。2019年4月，《莆田市湄洲岛保护管理条例》经莆田市第七届人民代表大会常务委员会第十七次会议通过，并于 2019 年 7 月经福建省第十三届人民代表大会常务委员会第十一次会议批准，2019 年 10 月 1 日《莆田市湄洲岛保护管理条例》正式施行，《莆田市湄洲岛保护管理条例》从规划保护、文化资源保护、海域保护、海岛景观保护、建筑风貌保护、生态环境保护 6 个领域进行制度设计，管理措施涉及管理体制、智慧管理、人口管理、市容管理、车辆管理、污染排放管理等十大方面，为系统、全面保护好湄洲岛提供了法律保障，对于不断加大对湄洲岛的保护和开放开发力度具有十分重要的意义。

从旅游交通、游览、旅游安全、卫生、邮电、购物、综合管理、资源与环境保护等多方面得到全新提升，促进国家旅游度假区功能不断完善，景区服务质量不断提升（见图 4-1），旅游业态逐渐丰富，节事活动精彩纷呈，旅游环境和景观质量大为改善，形成了完善的“吃、住、行、游、购、娱、研”要素体系。

图 4-1 湄洲岛妈祖文化旅游区官网

注：湄洲岛妈祖文化旅游区官网（www.mzdtour.com）提供了较多服务功能接口，在起始页面设置了“资讯网”“体验网”“智慧游”等链接，并且提供了官方微信、官方微博二维码等信息，能够有效满足游客多元服务需要。

2019 年创建国家 5A 级旅游景区工作组和管委会各单位全面、系统完成九大项的任务和工作，开始启动冲刺国家 5A 级旅游景区创建工作，全方位打响世界妈祖文化品牌，全领域打造两岸同胞共同幸福家园，以实际行动把湄洲岛保护好、发展好，扎实推进国际旅游目的地和朝圣岛、生态岛、旅游岛目标建设。2019 年 11 月湄洲岛参加文化和旅游部创建国家 5A 级旅游景区景观质量评审汇报获得通过，被列入文化和旅游部创建 5A 级旅游景区名单，

2020 年 12 月湄洲岛妈祖文化旅游区成功被评定为国家 5A 级旅游景区。

三、服务与管理的主要特点

（一）合理确定旅游景区的范围

湄洲岛妈祖文化旅游区创建国家 5A 级旅游景区工作于 2013 年 12 月全面启动。创建工作最大的特点在于海岛类型，湄洲岛的陆域面积 14.35 平方公里，全岛南北长 9.6 公里，东西宽 1.3 公里，中部为平原，海岸线长 30.4 公里，岛上北部有联络大陆的客运、货运码头。妈祖祖庙、湄屿潮音、莲池沙滩、平安里（妈祖影视园）、海蚀地质公园及相关文旅资源主要集中在岛的北部、东部、南部，镇村居民主要居住在岛的中部和西部。同时 1992 年湄洲岛还被国务院设立为第一批“国家旅游度假区”，岛上所有景点基本属于开放景区，没有固定界线，游客从文甲码头乘船上岛后基本可以随意游览。妈祖祖庙是岛民和沿海居民以及台湾居民民俗信仰的公共场所，祖庙、宫殿、景点在岛上没有明显的界线和明确范围。

在创建中兼顾国家度假区综合发展功能，从宏观统筹到微观聚焦等系统上对 5A 级旅游景区创建进行梳理和研究，同时结合资源综合评估、湄洲岛的社会民生发展、文化保护、海岛生态保护、文化创新发展、社会基础设施建设、旅游公共服务设施建设、人居环境改善等多维度出发，不断加快旅游岛建设步伐。系统研究《旅游区质量等级评定管理办法》和《旅游区质量等级的划分与评定》《服务质量与环境质量评分细则》（细则一）相关规定和要求，结合湄洲岛实际，最终划定了约 6 平方公里作为 5A 级旅游景区创建范围。

（二）注重 5A 级旅游景区创建方案落地化

1. 创建筹备工作注重实效

通过对湄洲岛的系统研究和对标国家 5A 级旅游景区《服务质量与环境质量评分细则》（细则一）等诸多标准，明确湄洲岛妈祖文化旅游区创建国家 5A 级旅游区的实施目标按照《服务质量与环境质量评分细则》（细则一）1000 分评分要求，制定了具有针对每一项分值和验收要求的《湄洲岛妈祖文化旅游景区创建国家5A级旅游景区提升方案》，确定达到的目标：①《景区服务质量与环境质量评分细则》（细则一）标准分1000分[①]，创建国家5A级旅游景区必须达到950分以上；②《游客意见评分细则》（细则三）为游客意见评分，游客综合满意度为100分，创建国家5A级旅游景区必须达到90分以上。从2014年1月起，立足从薄弱环节入手开始启动《湄洲岛妈祖文化旅游景区创建国家5A级旅游景区提升方案》编制，强化软硬件建设，完善旅游服务设施，提高管理与服务水平，争取各项指标都达到国家5A级旅游景区评定标准，完成一项提升方案分解一项任务，这种模式既节省经费也节省时间，同时高度聚焦任务和实施。

2. 以“九大系统”提升为核心

在制定《湄洲岛妈祖文化旅游景区创建国家5A级旅游景区提升方案》的工作方式方法上，创建团队和管委会领导制定了“九大系统”整改提升实现表格化整改内容和网格化整改任务，其“九大系统”是从《服务质量与环境质量评分细则》1000分的8大指标（旅游交通、游览、旅游安全、卫生、邮电、购物、综合管理、资源与环境保护）按照创建方案的任务分解及实施部门重新整合，划分责任部门和项目负责人制，明确攻坚方向，结合创建项目的实际情况和社群、游客之间的关系，同时考虑到景区综合提升和村镇的综合环境改善，明确了“土木工程改造项目提升方案、解说导览系统提升方案、旅游交通及游览栈道设施提升方案、旅游安全服务设施提升方案、环卫系统提升方案、休息设施提升方案、护坡整治提升方案、VI系统提升方案、智慧信息化提升方案”。

（三）坐实做细各项提质增效工作

1. 土木工程整改系统

按照高标准、规范化的要求，完善提升游客服务中心（游客中心旅游服

① 《景区服务质量与环境质量评分细则》（细则一）共8个大项，其中旅游交通140分，游览210分，旅游安全80分，卫生140分，邮电服务30分，旅游购物50分，综合管理195分，资源和环境保护155分。

务功能完善、标准、规范）、旅游服务驿站、生态停车场、旅游商业、妈祖文化论坛永久会址、湖石溧生态公园、基础设施管线、湄洲岛城乡道路沿线（街面）环境整治、东环步行道及宫周片区等村庄的村容村貌整治等重点整改项目，不断完善景区及居住社区基础设施建设，提升旅游综合服务功能和旅游景观环境完善。

2. 解说导览整改系统

按照国家《公共信息图形符号　第 1 部分：通用符号》（GB/T 10001.1—2012）标准[①]，《公共信息图形符号　第 2 部分：旅游休闲符号》（GB/T 10001.2—2006），完善外部交通导引牌（高速公路、国道、省道、县道上交通导视）、湄洲岛内交通干道标识、景区文化宣传牌、景区全景导览牌、景点解说牌、景点标牌、景点导视牌、科普展示牌、温馨提示牌、旅游服务标牌、功能设施牌、室内标牌等，做到信息统一规范；在生态停车场、电瓶车接驳站（点）、游览线路出入口、售票处、购物场所、厕所等位置，合理设置公共信息图形符号，确保各类引导性标识达到国家规范标准。重要地段增设智慧信息站牌，提升智慧景区建设水平，完善旅游网站、电子商务系统等。

3. 交通设施整改系统

加强沟通与协调，重点提升秀水支线、S201 线路两侧综合环境整治、景观植被种植维护，新建环岛路部分路段和隧道、拓宽部分路段，实现人车分流和慢行系统建设，增加沿路的生态植被和景观绿植，加强公路的养护，在公路沿线设立旅游专用交通标识，做好公路沿线广告牌的清理，进一步改善景区外部交通接驳环境，增强旅游的可进入性；完善轮渡两边码头的整体布局，新建文甲游客码头和宫下游客码头，及室内规范化、特色化建设，为广大游客提供安全、畅通、舒适的交通环境，增加游客专用海上船舶（游客快

---

① GB/T 10001《公共信息图形符号》是支撑我国城市公共信息导向系统不可或缺的基础性标准，构建了我国公共信息图形符号国家体系，GB/T 10001《公共信息图形符号》国家标准分为多个部分发布实施。《公共信息图形符号 第 1 部分：通用符号》《公共信息图形符号 第 2 部分：旅游休闲符号》是其重要的组成部分。

艇），为游客提供安全舒适的海上接驳设施。

4. 照明及安全整改系统

考虑到湄洲岛作为国家旅游度假区，完善居游共享设施和环境，重点强调景区和度假区的功能兼容，按照创建标准要求，完善提升申报范围内的景观照明、路灯、立杆灯、地灯、草坪灯、码头栏杆灯以及室内照明；加强安全生产检查和监控管理，确保安全设施设备完整，确保重点地段的防护设施安全有效；实现照明系统的景观化、功能化，努力打造“平安景区”品牌。在这类海岛无边界景区，同时结合湄洲岛特殊的地理、气候特征、地形地貌、游览（设施）环境。景区在提升建设、运营管理中，旅游安全是本次创建提升中最重要部分之一。妈祖祖庙亭、台、楼、阁、殿、宫依山而建，游览栈道依地形地貌延展开，其间经历元、明、清、近现代多个朝代的重建、复建、扩建，形成今日妈祖祖庙西线和南线建筑群，是全世界最古老、保存最完整的宋代宫殿式原构妈祖行宫。祖庙区域地形地貌复杂、建筑群规模庞大、雄伟壮观、楼亭交错、殿阁纵横，是世界上规模最大、祭祀规格最高的妈祖庙，消防系统至关重要。在5A级旅游景区创建中消防和旅游安全一直作为重点提升部分，其措施主要包括建设网格化的监控系统、人性化的旅游设施配套，在旅游资源保护和游客游览安全基础上实现祖庙的无障碍体系搭建，为景区的资源保护、游客的游览安全和舒适度提供重要的保障。

5. 环卫设施整改系统

按照《旅游厕所质量等级的划分与评定》要求，对申报范围内的景区景点和通往景区公路沿线的旅游厕所进行必要的改造和建设，确保达到国家A级以上旅游厕所全覆盖标准，对标验收标准，从旅游厕所内部功能、设施、环境、服务等综合方面列出明确要求和整改措施。完善提升申报范围内的景区景点、旅游厕所（第三卫生间）的无障碍通道。全面执行垃圾分类处理，对游步道破损砖石、灯箱广告、树池等进行整改提升。

6. 休息设施整改系统

按照提升方案要求，在申报范围内的景区适当增设游客休憩设施，并对休息椅凳、观景台亭进行清洁维护和文化性整改提升。

7. VI 形象整改系统

将湄洲岛 Logo 形象应用到各旅游场所；景区工作人员服装确保统一规范；在景区重要入口和游客集散地，完善邮政服务设施。

8. 综合管理整改系统

制定 5A 级旅游景区暗访验收迎检工作方案；完善旅游投诉机制，建立快捷的投诉处理服务体系；不断健全景区管理机构和规章制度；充分发挥电视、报刊、网络媒体的宣传作用，提升景区的知名度和美誉度。

（四）注重旅游景区智慧化提升

1. 设立智慧化景区监管服务平台

促进信息系统数据与各级旅游行业监管部门和治安部门对接，达到景区智慧管理运营平台核心诉求。实现景区网格化管理和智慧管理相兼容的运营体系（创建范围核心游览片区实现划片管理，对旅游线路上以 200 米为单位游线上配备卫生保洁、旅游安全管理员，由智慧监管服务平台通过实施监控地面卫生、安全游览、疏通游线扎堆、聚集等安全隐患，同时通过监管服务平台支配网格化旅游从业人员的服务管理工作）。

2. 做好交通信息有效传递

在宫下码头游客中心、祖庙服务驿站、天妃故里遗址公园、平安里（影视园）、鹅尾海蚀地质公园、湖石渫生态公园、湄屿潮音公交上下车站台点设置智慧数字交通信息牌（提供车辆进出站信息、等车时间动态提示、触摸式交通信息查询、日期、天气、气温、景区实时游客量景区实施景观显示屏等信息），文甲码头游客中心设置智慧触摸信息查询屏。

3. 利用 LED 显示屏

在景区入口集散广场显眼处设置景区 LED 显示屏，提供景区实时信息，发布景区内重要游览服务信息、展示景区宣传片、管理规定、应急信息等内容，在达到景区本身宣传推介作用外，同时关联和滚动播放莆田市、湄洲岛全域旅游其他景区相关旅游资源宣传，起到带动莆田市实现全域旅游的促进作用。

4. 建设全覆盖的智慧服务系统

景区内搭建移动通信信号覆盖，保证通信线路顺畅、网络稳定；实现免费无线局域网全覆盖（景区所有游客可达区域）；优化景区网站（设有外文版），开发景区 App、小程序，可获取景点讲解、导游导购等信息服务；加强景区新媒体平台建设，设立运营正常的微信公众号、官方微博等景区信息服务平台；设立景区消息短信，通过手机短信、彩信为游客提供信息服务。

实现游客可达区域视频监控全覆盖，监控颜色与景区古建筑、生态、岩石等颜色相融合，不影响游客视觉景观；在文甲码头、宫下码头游客中心自动检票区实现入口、出口游客流量监测，在岛游客总量实时统计，重点游赏片区游客密度监控，游客承载超限自动报警系统。

建立火险、局部气候（台风）、地质灾害等自动探测报警系统；建立游客禁入区域的红外线监控系统；设有救援求助的警报设施；建立景区停车场的泊车量统计系统、停车位空余信息显示；设立景区内部广播系统，并覆盖全景区，声音清晰；设立景区游客投诉 6 小时内协调解决方案，完善游客投诉和受理解决制度；设立气象监控系统，可监测空气温湿度、风速、风向、PM2.5、PM10、大气压力、雨量、负氧离子浓度等信息。

（五）以“三大专项”整改提升带动景区高质量发展

1. 服务质量专项提升

落实门票通票套餐；景区工作人员必须做到着装统一、佩带证件，精神面貌良好；持续开展旅游从业人员培训工作，掌握必备旅游基础知识，旅游安全知识等，提升旅游服务质量；对全区范围内的酒店进行必要的改造和提升，并继续按照主题式、特色化提升一批中高档家庭旅馆，强化家庭旅馆服务质量；不断加强研发设计具有本地特色的旅游纪念品，并在景区购物店（点）售卖。

2. 旅游市场专项提升

根据《湄洲岛旅游市场规范提升专项行动方案》文件精神，针对当前湄洲岛旅游环境出现的新情况、新特点，重点围绕“吃、住、行、游、娱、购”旅游六要素，采取针对性措施，深入开展专项治理，做到突出重点、有的放矢、精准打击。严厉打击以高额回扣揽客或使用缺斤短两、以次充好、以假乱真等手段欺诈游客的餐馆酒店和旅游交通秩序（重点打击电瓶车违规行为）。

3. 环境卫生专项提升

全面排查、拆除与景观环境不协调，有碍景区整体形象的违章建筑；禁止出现景区内乱堆乱放、乱搭乱建、乱刻等现象；加强对主干道和景点周边民居的管理；加强景区清理保洁工作，以景区内观景台、旅游厕所管理和卫生保洁为重点，完善卫生设施。景区建筑物及各种设施设备无损坏，景区空气质量、噪声质量、地面水环境质量及污水排放等必须达到国家环保相关标准。

第二节　长江采石矶文化生态旅游区[①]

一、基本情况

长江采石矶文化生态旅游区位于安徽省马鞍山市西南 5 公里处的长江南岸，西邻省会合肥，南接著名米乡芜湖，是皖南旅游线的北端。素有“千古一秀”之誉的采石矶，是“长江三矶”[②]之一，独特地域条件给江南名胜采石矶造就了一个便捷的外部交通环境。

① 本案例资料由大地风景文旅集团提供，编写参考了长江采石矶文化生态旅游区官网（caishi.mas.gov.cn）等有关资料。

② “长江三矶”是伫立于长江南岸的三个重要渡口，指的是燕子矶、采石矶和城陵矶。燕子矶位于江苏省南京市栖霞区的直渎山上，因石峰突兀江上，三面临空，势如燕子展翅欲飞而得名。城陵矶位于湖南省岳阳市东北 15 公里江湖交汇的右岸，距市中心区 7.5 公里，在长江与洞庭湖交汇处，隔江与湖北省监利县相望。

长江采石矶生态文化旅游区范围包括：采石矶文化生态观光区、采石古镇文化体验区、望夫山生态旅游区、滨江湿地公园生态旅游区、宝积山军事文化体验区五个单元，总面积 3.92 平方公里（见图 4–2）。旅游区以唐代诗人李白诗意为灵魂，以“翠螺出大江”的临江绝壁景观和锁溪河、滨江湿地风光带为主要载体，内有“长江三矶”之首的采石矶、国保单位“太白楼”、状元福地“三元洞”和林散之“江上草堂”等特色景点，旅游区生态保护完好，山水秀丽、风光绮丽，宛如仙境，更是“诗仙”李白一生钟爱之地，也是国家“长江大保护”重要组成部分。

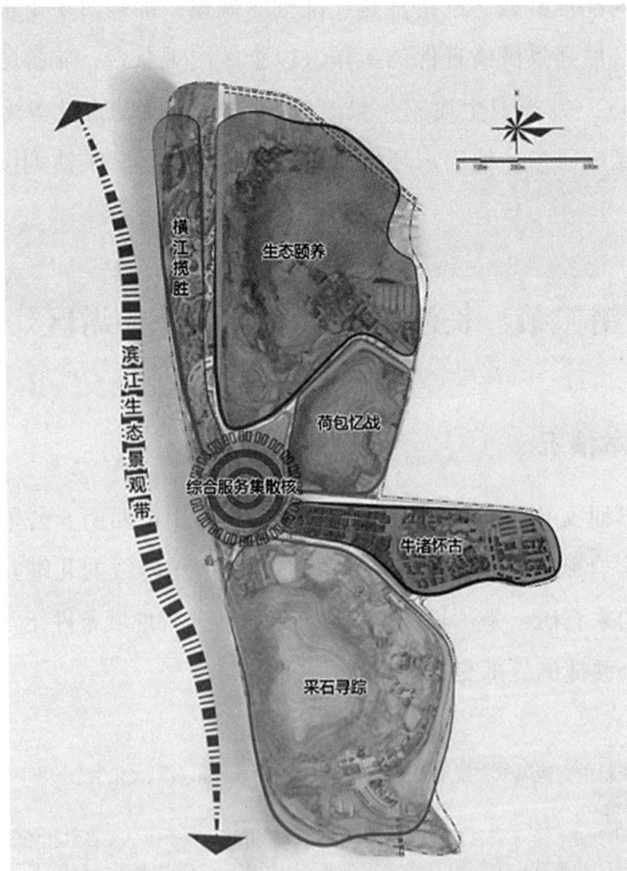

图 4–2　长江采石矶文化生态旅游区空间结构规划图

二、开发历程

2002 年 5 月 17 日，国务院批复安徽省采石风景名胜区为第四批国家重点风景名胜区名单。2016 年 12 月，马鞍山市编委批准调整采石风景名胜区管理体制，建立风景名胜区统一管理机构，成立“马鞍山市采石风景名胜区管理委员会”。2017 年 12 月 5 日，马鞍山市文化旅游集团对照《旅游景区质量等级的划分与评定》（GB/T17775-2003）标准，制定创建任务分解表，有效推进采石矶 5A 创建工作。2019 年 11 月 9 日，长江采石矶文化生态旅游区景观质量通过专家评审。2020 年 12 月 29 日被评定为国家 5A 级旅游景区。

三、服务与管理主要特点

（一）坚持问题导向有效推进 5A 级旅游景区创建

1. 因地制宜，科学实施上创建创新

长江采石矶文化生态旅游区 5A 级旅游景区创建工作坚持以问题为导向，提高工作标准，将“落地性”作为第一原则，提升方案进行充分论证，确保实施的科学性和实效性。项目策划与旅游规划并行，科学落地布局，注重传统文化的保护和传承，尊重旅游区空间结构，注重突出当地传统文化内涵，因地制宜，进行合理规划与指导。主要注重：①对建筑风貌进行优化和业态调整，形成统一的环境氛围；②合理规划配置餐饮设施，突出采石矶餐饮美食“民俗文化”特色，打造采石矶美食品牌；③构建“文创商店 + 特色购物街区 + 散点式特色购物点”的采石矶特色购物体系；④深挖本土特色，融入现代化元素，结合现代时尚与创意元素，发展品质型休闲项目，增加采石矶文化旅游趣味；⑤对照《公共信息图形符号　第 1 部分：通用符号》（GB/T10001.1--2012）规范化设置标识系统，注重标识牌材质、颜色的选用，合理布局标识牌，确保标识系统的规范性、准确性；⑥正式评定验收前，邀请专业团队面对面辅导景区提升，做到及时发现问题、指出问题、解决问题和整改问题，切实发挥辅导职能，助推 5A 级旅游景区创建工作。

2. 文旅融合，在文化的传播上创新

充分发挥文旅融合的思想，将李白文化作为旅游区的核心 IP。在推进采石矶 5A 级旅游景区创建工作中，注重将文化要素注入景区中。主要注重以下几点。①融入李白诗歌文化元素，在采石古镇建设夜泊广场，融入李白《夜泊牛渚怀古》诗歌元素，增设李白登岸、寻皇华驿的故事介绍，打造李白诗歌主题广场。②融入历史故事元素，沿江设置主题雕塑；挖掘横江历史文化，设置“横江渡”主题雕塑；利用长江生态修复成果，设置“小江豚归来”主题雕塑；以姑孰名人周兴嗣在景区的荷包山下一夜编就《千字文》的故事，设置千字文研学步道，建设千字文故事雕塑；讲述“谢尚月下识袁宏”故事，设立谢尚识袁宏场景雕塑；以景区望夫山上望夫石的原型李之仪所作的《卜算子·我住长江头》，打造爱情文化主题，展示李之仪与杨姝的爱情故事；挖掘虞允文采石大战历史故事，打造荷包山军事文化体验区，真实再现宋金大战的历史场景。③融入非遗文化元素，在采石矶景区景观平台打造中，围绕省级非遗代表性项目采石矶茶干制作技艺，打造茶干博物馆；融合省级非遗传统舞蹈“采石跳和合”，建设和合古戏台；结合市民休闲旅游需求，定期开展戏曲非遗表演，让传统文化得以弘扬。通过文化要素的注入，让游客在观赏滨江的同时，了解和感悟马鞍山历史文化，不断将长江采石矶文化生态旅游区打造成融名胜观光、人文教育、休闲娱乐等功能于一体的旅游目的地。

3. 高位谋划，在保护的基础上创新

坚持不搞大开发，共抓大保护，落实国家“长江大保护”战略，从政治上推动景区创建，极大促进景区的快速创建。坚持“生态优先、绿色发展”的基本原则、深入推进“长江大保护”发展战略，从植被、山地、河流、湿地、滩涂到大长江，呈现生物物种和景观多样性、延续性，始终坚持保护第一的基本发展原则，大力发展生态产业，注重使用本地树种进行复绿补绿，保留部分码头设施作为观景平台，保留部分厂房作为管理用房，保留杨树林、芦苇荡等生态湿地，打造原生态的滨江湿地公园，全面实现旅游区可持续发展。

4. 挂图作战，在创建的进度上创新

长江采石矶文化生态旅游区5A级旅游景区创建实施“挂图作战、责任到人”，以高标准、严要求、扣重点、分任务、定期限、保质量、抓落实的部署要求，严格按照国家5A级旅游景区在硬件、软件方面的高标准和要求基础上，紧密结合景区的实际情况和发展需要，制定任务分解表，落实创建工作责任制，全时、全方位进行服务跟踪，紧扣重点、分项作战、保质保量、限期完成。

（二）强化系统规划思维，引领体制机制创新

长江采石矶文化生态旅游区创建国家5A级旅游景区在马鞍山市委、市政府的大力支持下，是马鞍山市成为长江经济带“生态优先、绿色发展”的重要举措，并专门成立了由马鞍山市委、市政府主要领导担任组长的“采石矶5A级旅游景区创建工作领导小组”，统筹推进各项工作，确保创建工作有计划、有步骤地顺利开展。同时，科学编制出台《长江采石矶文化生态旅游区总体规划》《长江采石矶文化生态旅游区创建国家5A级旅游景区提升方案》《采石矶长江生态文化旅游区5A级旅游景区创建工作任务（2019—2020年）分解表》等系统指导性文件（见图4-3），为后期创建工作的开展奠定了良好的基础。

图4-3 《长江采石矶文化生态旅游区创建国家5A级旅游景区提升方案》

《长江采石矶文化生态旅游区总体规划》以采石风景区为自然基底，以长江第一矶（采石矶）为核心代表，以李白文化及长江生态文化为核心主题，以古代军事文化、艺术文化、生态休闲、颐养商业等多元文化为点缀，重点强化采石矶观光休闲功能、度假功能和文化教育功能，兼顾城市休闲与外来游客的共同需求，实现旅游空间整合，旅游要素供给完善，旅游服务优化，系统构筑采石矶旅游新格局，打造融合旅游观光、休闲度假、文化体验、亲子研学于一体的国际旅游休闲目的地，提出“山水仙诗·诗画采石”的形象定位。同时，根据旅游区资源分布特征、空间特征，以及活动内容需求，提出“一带、一核、五片区”的结构形态，即滨江生态景观带、综合服务集散核、采石寻踪区、牛渚怀古区、荷包忆战区、生态颐养区、横江览胜区。规划通过增加景区文化特色，打造人性化设施，从硬件建设、软件服务等角度对景区进行了全方位优化，使旅游区成为服务完善、设施完备、产品丰富的品质旅游景区，为成功创建国家5A级旅游景区工作明确了提升方向。

（三）全面落实提升工程，推动高标准建设

为保障创建目标顺利实现，马鞍山市财政和马鞍山市文旅集团安排专项创建经费，各责任单位要将创建活动纳入本部门、本单位的议事日程，全力推进5A级旅游景区创建工作。

1. 持续完善旅游交通服务

做好旅游区通景道路的养护，注重“美化、亮化和洁化”工程，通景公路及高速沿线设立旅游区专用交通标识；进一步改善旅游区外部交通环境，按照高标准高要求，加强旅游区内旅游道路和游览步道的维护，按照生态停车场标准建设景区的停车场，并加强停车场管理；进一步完善荷包山、小九华山游览线路，分设出入口，形成环线，增大游步道观赏面和体验性；增置新能源汽车、电瓶车等内部交通用车，提高安全性和舒适性。

2. 加强游览服务质量提升

游览方面，抓好游客中心体系建设，确保游客中心与周围环境相协调，科学设置服务项目；全面提升完善标识系统，从整体性出发体现旅游区特色主题文化，合理布局标识牌位置、为游客提供人性化、完善的导览服务；改进门票设计，体现旅游区文化元素，完善电子门票网上及线下支持系统，规范票证管理；提高导游服务水平，配置语音导览系统；专项设计改造公共休息设施，为游客提供舒适的休息环境，同时加强维护和管理；完善冷热水服务；完善母婴室、家庭卫生间、无障碍坡道、盲道、轮椅、婴儿车、拐杖等特殊人群服务项目；设立志愿者服务站点，定期开展各项活动；实现景区旅游步道生态化、特色化和无障碍化。

卫生方面，加强环境卫生整治，确保场地秩序井然，地面清洁，建筑物及各种设施设备无剥落、破损、污垢等痕迹，空气清新，无异味；加强废弃物管理，污水排放设施齐全、完好，不污染地面，垃圾清扫做到日产日清，并有跟踪清扫，垃圾桶布局合理，数量充足，按照国家最新标准设立分类垃圾桶，加快建立景区垃圾处理中转系统；合理划分吸烟区与非吸烟区，并加强吸烟管理；优化景区内餐饮服务点布局，丰富餐饮产品体系，加强食品安全卫生管理；全面改造景区旅游厕所，规范设置无障碍厕位，加强厕所卫生管理，做到旅游厕所布局合理、位置恰当、数量充足，无障碍设施完善，外形美观，与环境相协调，内有文化氛围，干净卫生无异味。

3. 加强综合服务丰富产品

对旅游区周边购物场所进行集中整治，在主要游览场所及游览线路沿途禁止商铺占道经营，充分运用有效管理措施和手段，加强购物场所的建设和管理，确保无尾追兜售、强买强卖现象，开展对经营从业人员的培训，营造良好的旅游市场环境，提供优质的旅游综合服务。同时，加大对旅游商品、文创产品、住宿、美食、休闲娱乐项目的开发力度，为游客提供更多更优质的选择。

针对采石古镇建设工程，恢复了多栋明清时代的古民居，新建了乌木展示园、恐龙化石展示馆，建设了一条古镇商贸街区，包括民俗、酒吧、餐饮、礼品店等，打造多元化、多样化的夜间文旅消费集聚区，充分体现唐代文化和古战场的特色，呈现出“翠螺出大江”的自然风光和“船从家门过”的水乡情趣，形成“有玩、有吃、有住、有乐”的观光休闲服务。

4. 突出特色文化丰富业态

以采石矶长江生态文化旅游区为基础，以“长江第一矶”为特色，以李白文化为核心，以古代战争文化、艺术文化、民俗文化等多元文化为点缀，重点强化采石矶旅游休闲功能、度假功能和文化、教育功能，并兼顾城市休闲与外来游客的共同需求，围绕“山水、文化”两大资源特色，打造“亲子教育产品、文化体验产品、山水观光产品、军事文化产品、休闲度假产品”五类产品体系，并大力生产推广与景区特色相符的文创产品。

5. 推进智慧景区建设

完善电讯基础设施建设，实现旅游区通信服务网络及无线局域网全覆盖；建立大数据平台、综合管控平台、电子商务平台，完善景区的视频监控系统建设，实现游客可达区域的全覆盖；完善游客容量监测系统建设；完善电子售检票系统，全方位达到创建标准信息化的要求。

6. 高度重视旅游安全保障

建立健全安全保护机构，进一步完善安全管理制度，充实安全保护人员，加强安全定点和流动巡查；完善高峰期游客安全处置预案和特殊情况安全处置预案；完善危险地带安全防护设施，加强消防设施设备管理，加强安全监控设施建设与维护；加强安全宣传；设立安全警告标识，设立医疗服务和救护服务点，建立完善紧急救援体系。

7. 强化资源和环境保护

加大旅游区环境监测工作力度，保障空气质量、地表水、噪声等达标；景观、生态得到有效管控，景区内环境氛围好，北门和东门出入口主体建筑格调优美，区内基本建筑物体量、选址、用材、建设做到与景观相协调，商业广告、服务招牌不过分突出，标语口号及布置方式注重文化性、艺术性与景观的协调；景区与周边环境形成隔离带或缓冲区，绿化美化措施多样，效果良好；景区内餐厅不使用一次性餐具等非环保型材料。

8. 构建综合管理体系工程

进一步健全景区管理机构职能和完善规章制度，做到职责分明，贯彻有力；营造良好的景区形象，科学编制景区旅游规划并全面落地实施；完善管理服务培训制度，做到“机构、人员、经费、制度”四落实，确保所有人员全面培训，培训效果好；设立专门游客投诉机构和健全处理机制，设立投诉电话、投诉信箱、意见本等，受理投诉快速合理，有完整记录、跟踪回访服务；定期、定量征询游客意见，并有改进措施；加强宣传，通过互联网、电视、报刊宣传景区；开展电子商务，建立完善景区电子网络系统，实现与骨干网链接，要求中英日韩多语种，内容全面，并通过技术手段实现数字虚拟游览，充分利用第三方平台，完善网络订票系统，完善采石古镇住宿服务，丰富古镇及周边的娱乐、餐饮等服务；通过优先聘用当地员工等措施，带动周边就业，促进当地经济的快速发展。

打破旧有营销观念及思维，通过组织培训会、业界论坛、优秀景区参观学习、事件营销、新媒体传播等方式，对采石矶长江生态文化旅游区营销方式方法进行突破与创新，从缺少互动、反馈滞后、信息传播单向性的传统被动营销，到捕捉市场信息，主动做好市场分析，积极运用新媒体客户明确、手法明确、目标明确的特点进行主动营销，提升景区品牌知名度和美誉度。

第五章
沙漠景观类旅游景区

第一节 响沙湾旅游景区①

一、基本情况

响沙湾旅游景区（以下简称“响沙湾景区”）位于内蒙古鄂尔多斯市库布齐沙漠的最东端，响沙湾景区因为拥有独特的自然资源——响沙②，是集观光与休闲度假为一体的综合型的沙漠休闲景区（见图 5-1），目前已经形成了福沙岛、悦沙岛、仙沙岛等知名度假产品。响沙湾于 1984 年 1 月被开发为旅游景点，2002 年被评定为国家 4A 级旅游景区，2011 年被评定为国家 5A 级旅游景区，并先后荣获“中国黄河 50 景”“内蒙古十佳旅游景点”等荣誉称号。

图 5-1　响沙湾景区

二、发展历程

响沙湾于 1984 年 1 月被开辟为旅游景点，1991 年被国家旅游局列为重要景点，1999 年内蒙古响沙湾旅游有限公司正式开始运营该景区，公司现有职

① 本案例编写参考了响沙湾旅游景区官网（www.ixsw.cn）等有关资料。

② 响沙湾坐落于内蒙古鄂尔多斯市达拉特旗的库布齐沙漠中，是因“这里的沙子会唱歌”而得名的。响沙湾沙高 110 米，坡度 45°，呈弯月状形成一个很大的沙山回音壁，当人们从沙顶向下滑动，便会听到犹如飞机掠空而过的轰鸣声；当两手相对猛力向中间捧沙时，便会听到哇哇的蛙鸣声，响沙湾因而得名。关于响沙的成因众说纷纭，主要有筛匀汰净理论、摩擦静电说、地理环境说、“共鸣箱”理论等，多种成因都在探索中。

工人数900余人，景区整体就业人数最多可达1600人。景区建设可以分为三个阶段：

第一阶段：1999—2005年，加强基础设施建设阶段。逐步完善了景区各项服务功能，1999年之前响沙湾景区是一个基础设施非常薄弱的一个小景点，服务功能相对单一。1999年运营公司——内蒙古响沙湾旅游有限公司开启正式经营该景区后，根据旅游的六要素特点逐渐加强景区基础设施建设，完善景区服务功能。陆续完成了包茂高速（G6）到景区出入口工程、树林召到景区18公里高压输电专线工程、罕台川截伏流工程、景区主干道、停车场、污水处理及通信工程等建设项目，新建了游客服务中心、粒沙酒店、餐厅、购物商店等服务设施。上述项目的完成，为响沙湾景区的高质量发展奠定了基础。

第二阶段：2006—2010年，响沙湾景区进入二次开发建设阶段。这个阶段景区在保护环境的基础上，大力开展生态建设和文化产业建设，推动响沙湾由传统观光景区向休闲体育复合式旅游景区发展。2006年3月，响沙湾景区举行了“响沙湾二次开发建设研讨会”，最后得出的结论是——响沙湾在现有的休闲娱乐项目的基础上，继续进行第二次开发建设，以利于响沙湾景区健康发展。与此同时，运营公司制订了详细的景区开发计划，逐年完成计划中设定的目标。

第三阶段：2011年至今，为响沙湾景区高质量转型发展阶段。随着旅游业的发展变化，由于旅游的需求也在不断变化，响沙湾紧跟市场需求，经营理念顺应市场变化，提出了“由单纯观光游向休闲度假旅游转变的发展理念”，努力把响沙湾打造成为国内一流沙漠休闲综合体[①]。与此同时景区经营者加大投资力度，大力建设景区休闲度假产品，现在已形成“一港四岛”休

① “十四五”期间响沙湾景区发展定位为继续打造沙漠休闲度假品牌景区，打造国内一流休闲度假景区。

闲度假景区新格局[①]。

三、服务与管理的主要特点

（一）有序开发多种文化旅游资源

响沙湾景区所在的内蒙古鄂尔多斯市拥有丰富的文化资源，响沙湾在旅游资源开发中，将沙漠的自然资源与当地的蒙古族文化二者有机结合。如在福沙度假岛中通过向旅游产品中注入蒙古族特有的生活方式、民俗风情的方式，在向游客展示大漠风光的同时，也在展示蒙古族等少数民族文化。响沙湾最具代表性的传统文化项目是旅游演绎《鄂尔多斯婚礼》，系统地表现了鄂尔多斯地区传统的蒙古族婚俗[②]，旅游演绎《鄂尔多斯婚礼》的全过程给游客的感觉是热情、喜庆、幸福，也向游客表达当地民众对美好生活的向往。景区也注重体现多元的精神文化符号，例如景区莲花酒店——体现出佛教文化符号，其外形就是一朵盛开的莲花。

（二）突出和强化重点区域的体验功能

根据游客游览意愿及推动景区高质量发展的目标，重点建设了五个功能服务区域，分别是综合服务区、响沙湾港、仙沙岛、悦沙岛、福沙度假岛和莲沙度假岛。

1. 综合服务区

综合服务区主要包括景区门景、景区停车场、游客中心、度假接待中心、一粒沙度假村等区域，主要为游客提供休憩、咨询、餐饮、住宿、娱乐等服

---

① 新阶段响沙湾景区以打造国际知名的、体现“人与沙”深刻内涵，集观光、游乐、探险、度假为一体的综合型沙漠休闲度假区为目标，不断探索沙漠休闲度假新模式，已形成了以“一港四岛”为主体的沙漠休闲度假区，其中，包含 2 个休闲岛：仙沙岛及悦沙岛，2 个度假岛：莲沙岛及福沙岛，以及一个交通中转站——响沙湾港。景区能够同时满足观光度假、休闲娱乐及文化科教等功能，通过各类活动，引领客人在响沙湾观赏大漠美景、感受地域文化魅力、体验大漠度假的酣畅。

② 鄂尔多斯婚礼是蒙古族男方娶亲的流程缩影，婚礼通过歌舞的形式传达蒙古族的宫廷文化、礼仪文化、服饰文化、祭祀文化等。整个表演融入了蒙古族的豪情，展现了蒙古族的性格，为游客呈现的是一幅喜庆和谐的画面，蒙古族风俗、礼仪的精髓都被浓缩在婚礼的仪式中。鄂尔多斯婚礼是国家级非物质文化遗产。

务。其中的一粒沙度假村与沙漠各岛隔河相望，游客可以体验水上瑜伽，水中健身操或参加游泳比赛。

2. 响沙湾港

响沙湾港是游客进入沙漠的第一站，是游客出入沙漠景区的集散地，该区域还有滑沙、卡丁车、水陆两栖车等娱乐项目。2012 年年初还开发了响沙湾乐动会，以为游客带来快乐为宗旨，开发了许多与游客互动的活动，深受游客喜欢。主打的项目为滑沙，游客乘坐沙板从沙坡滑下，声音小的时候像是青蛙的叫声，声音大的时候像是汽车的轰鸣声。

3. 仙沙岛

仙沙岛集中了诸多休闲娱乐项目，如沙漠摩托车、沙漠飞索等项目，可以体验沙漠驾驶和高空滑行活动，该区域的驼苑，是中国现存最大的骆驼群，共有 500 多峰骆驼，游客可以骑着骆驼到达悦沙岛。

4. 悦沙岛

悦沙岛以沙漠艺术宫和大型主题沙雕园①、悦沙岛乐动会②为特点。其中的沙漠艺术宫是由从加拿大引进的新型建筑材料充气膜结构建成，沙漠艺术宫高 30 米，直径 100 米，占地面积 7850 平方米，可容纳 1 万人。沙漠艺术宫是多种文化融合的艺术殿堂，是大型民族歌舞剧、国家非物质文化遗产——鄂尔多斯婚礼表演场地。同时在这里游客还可以乘坐观光火车，其为仿蒸汽设计，利用柴油机发电，单程大约需要十分钟。

5. 福沙度假岛

福沙度假岛以展示蒙古族民俗文化为要素，让游客体验祭敖包、骑马、参加鄂尔多斯婚礼、乘坐勒勒车放牧、住蒙古包、观看蒙古族歌舞、品尝奶食品等蒙古族民俗活动。

---

① 例如，2012 年 6 月 10 日响沙湾集中打造的大型主题沙雕园——《君兰湖传说》盛大开幕。《君兰湖传说》是一个神话故事，讲述了库布齐沙漠的成因，以及人与自然的关系。

② 悦沙岛乐动会开发了创意沙雕、创意沙画等活动项目，游客可以根据自己的想法创造出体现自己个性的沙画、沙雕，活动过程中充满了趣味性。

6. 莲沙度假岛

莲沙度假岛因莲花酒店而得名（见图 5-2），莲花酒店参照五星级酒店标准建设而成。莲花酒店占地面积 45216 平方米（酒店面积 23214 平方米），共有 376 间客房，酒店有 200 个房间为景观房。

图 5-2 莲花酒店

（三）开发了系列化旅游度假产品

为了满足游客的不同需求，景区开发出不同的旅游度假产品（见表 5-1）。景区内有三个重点区域：悦沙岛以文化为特色、仙沙岛以休闲为特色、莲沙岛以度假为特色，三个区域既各具特色，又能够相互补充。景区有序开发出了康体健身类产品、演艺表演类产品、实体体验类产品，这些项目带给游客轻松、快乐的同时，也让人们在游玩的过程中可以深刻地领会蒙古民族的民俗文化。现在的景区已经能全方位调动了人们的感官，基本实现了满足游客观光、休闲、度假的旅游需求。

表 5–1　响沙湾景区代表性旅游度假产品类型

类型	主要种类	内涵
健康养生类旅游产品	沙漠露天游泳场、高尔夫球场、沙漠瑜伽场馆、沙漠太极拳馆、沙滩排球场等	将健康养生理念融入景区文化中，不仅带动景区旅游的发展，还能让游客体验到健康养生的快乐
演绎类产品	鄂尔多斯婚礼表演、篝火晚会表演、马戏表演等	增加景区的节日气氛，营造欢快放松的环境氛围，能够实现景区的二次消费，演艺种类丰富，内容新奇，充分满足游客的猎奇心理，同时景区在短时间内也获得较好的经济效益
体验类产品	沙漠观光小火车、沙漠水世界（极速飞车、水上飞船、极速滑梯、大型水寨、儿童水上滑梯等）、巡演、大型沙雕文化园、小吃街等	主要以沙漠为主题，重点设计了游客可以参与、体验的环节，让游客在游玩的过程中，真正感受到体验的快乐，也增加二次消费的机会，提高了消费质量，促进响沙湾旅游高质量发展

三个重点区域拥有风格迥异的旅游产品，景区共有近百种实体与非实体项目，涵盖了从鄂尔多斯婚礼、杂技类表演、蒙古族“三艺”（骑马、射箭、摔跤）表演这样的演艺类产品到沙漠瑜伽、沙漠太极、沙漠游泳这类康体健身类产品，再到沙漠摩托、骆驼骑行这类体验类产品。景区的三个重点区域（悦沙岛、仙沙岛、莲沙岛）分别以文化、休闲、度假为特色，满足各类消费群体的需求，这三个重点区域（悦沙岛、仙沙岛、莲沙岛）独具特色而又相互补充。景区产品涵盖从实体体验类产品、演艺表演类产品到康体健身类产品，如划沙、骑骆驼、沙漠摩托车、沙漠射箭、鄂尔多斯婚礼表演、沙漠马戏团表演、水上乐园、沙雕、沙画、索道、滑沙等项目，带给游客放松与快乐的同时，也让游客领略了蒙古族文化魅力。景区基本上实现了全方位调动游客的感官享受，初步实现了满足游客观光、休闲、度假多种需求的景区格局。

（四）景区基础设施及配套设施齐备

1. 注重完善基础设施

一是游客中心功能齐全。响沙湾游客中心能够为游客提供咨询、讲解、购买门票、休息等服务功能，游客中心规模适度、位置合理，各项服务设施较为齐全。

二是标识系统完整。各种引导标识上面标有蒙古族标志性的祥云图案，具有浓厚的蒙古族文化气息，各类标识系统的颜色、材料都与整体环境相协调。道路指示、各景区价格表标识牌清晰、准确。

2. 景区配套设施齐备

响沙湾景区基本实现了“一港四岛”休闲度假景区格局（福沙岛、悦沙岛、仙沙岛、莲沙岛等），各主要区域都有完善的度假村、餐厅、娱乐等设施。

住宿设施方面：（1）莲沙度假岛：共计376间客房；其中内景双床房102间，内景家庭房28间，内景大床房22间，外景双床房91间，外景大床房53间，家庭房40间，豪华观景大床房17间，豪华观景双床房3间，270°景观大床房8间，270°景观双床房2间，景观豪华套房10间；（2）福沙度假岛：共计102间客房，其中标准间52间，大床房25间，家庭房25间；（3）一粒沙度假村：共计100间客房，其中标准间75间，家庭房14间，大床房3间，景观大床3房，商务套房2间，景观套房3间。

就餐设施方面：（1）莲沙度假岛：金莲厅、紫莲厅、沙莲餐厅约800人同时用餐；（2）福沙度假岛：约200人同时用餐。

同时景区里的停车场共有3940个车位，还有多处卫生间，其中包括具有民族特色的蒙古包形状的卫生间。因为景区分为观光、休闲和度假三个区域，所以设置多处接待中心，同时为了游客能够保持体力更好地游玩，提供了多样的景区交通工具，如索道、沙漠小火车、沙漠观光车、沙海游艇、骆驼等。

景区还建有3条沙漠索道。响沙湾1号索道建设于1999年，单程总长498米；2号索道建设于2007年，单程总长为450米。景区每天都会安排工作人员检查索道的安全情况，为了配合建设莲沙度假岛，景区在2016年建设第三条（箱式）索道，这为游客提供了更加便利的服务。

（五）注重生态环境的保护

响沙湾在景区开发建设中坚守生态、环保的开发理念，努力将响沙湾打造成国际知名的沙漠休闲度假景区。景区内的莲花酒店是一座沙漠建筑，通过对蒙古包的研究，首先需要将沙子固定，然后使用定制的轻钢建成基本结构，为了节约用水，采用先进的污水处理系统，地下的水资源可以循环利用，酒店里的卫生间已经达到了生态卫生间标准，减少了对环境的污染。酒店内的洗浴用水采用太阳能加热，室内照明使用传统的电能，外围的亮化则采用太阳能及风能，符合景区二次规划绿色、生态、环保、节能、低碳的理念。为了维护景区环境，响沙湾景区设定日最大承载量为2.75万人次[①]。2022年1月27日，响沙湾为了守护沙漠绿色生态，与蔚来进行合作。响沙湾采用了蔚来提供的一批智能电动汽车作为巡护用车，并建设补能设施，对当地沙漠化治理起到了良好的作用，起到了防沙固沙的效果。响沙湾在沙漠资源开发的同时也没有放松绿色生态环境的保护，所在的库布齐沙漠，更是治理沙漠化的示范工程，沙漠的生态环境已经大大改善，物种已由沙漠中的单一骆驼变得多样了，陆续出现了天鹅、胡杨、野兔等多种野生动植物。

（六）依托节庆、赛事扩大影响

景区自建设以来，一直开展各种节庆活动，通过节庆活动，不仅可以提升景区的知名度，还可以带来良好的经济效益。例如，2008年景区举办沙雕艺术展，沙雕艺术展从响沙湾传说故事、沙漠文化、民俗文化等方面展示出一个多彩的沙漠艺术世界。2019年8月第十五届中国大学生沙滩排球锦标赛在响沙湾景区举行，来自北京体育大学、海南大学、中央民族大学等全国41所高校的97支参赛运动员、裁判员、志愿者以及多家新闻媒体共同参加了本次开幕式。响沙湾景区还会在不同时期举办各种主题活动，其中最为盛大的节日就是每年9月举办的“中国·鄂尔多斯响沙湾旅游节”，景区的大漠风光，也是摄影者向往的天堂，景区举办过多届摄影大赛，目前，“响沙湾摄影”主题活动已在摄影界颇具影响。

① 为维护景区安全秩序，提升旅游品质，依据国务院《国家风景名胜区管理条例》、原国家旅游局《景区最大承载量核定导则》，响沙湾景区日最大承载量为2.75万人次。

（七）集中力量建设线上销售平台

1. 打造功能完善的官网

响沙湾景区官方网站详细介绍了景区的度假区、休闲区、观光区里面的景区及各类旅游项目，丰富多彩的旅游活动画面，大大刺激人们旅游的欲望。官网还推出了历年大型活动栏目以及最新动态，方便人们随时了解（见图5-3）。同时，为了方便游客购买门票，官网还设置了专栏预订系统，人们通过预定莲花酒店房间，就可以免门票，同时还提供各种门票 + 酒店价格组合。景区在官网还设置了虚拟景区一栏，让访问网站的人们足不出户就可以了解响沙湾各景区的风光和旅游项目，感受到沙漠文化。

图 5-3　响沙湾景区虚拟景区板块

注：响沙湾景区官网（www.ixsw.cn）设有“虚拟景区”栏目，在这里可以看到福沙岛、悦沙岛、仙沙岛、莲沙岛主要景观。

响沙湾景区官网还推出了“响沙记旅拍”服务，这项服务由响沙记摄影服务室担任，由专业摄影团队为到景区度假及休闲娱乐的游客及团体提供旅拍、家庭、情侣、个人写真、航拍短视频、旅行 vlog 等业务。同时还为游客准备了各类服装，例如全家的亲子套装、情侣机车服、轻婚纱、汉服、网红唐装以及各类适合在沙漠中拍摄的异域风、现代时装、特色网红裙等，“响沙记旅拍”服务根据响沙湾各岛的特色、价位、拍摄时长的不同，定制了多种套餐（见表 5–2、表 5–3、表 5–4、表 5–5、表 5–6、表 5–7）。

表 5–2　莲沙岛 / 福沙岛电子版精选（单人）

精修数量	价格	拍摄时长
8 张（20 张底片）	588 元	30 分钟
12 张（30 张底片）	788 元	45 分钟
18 张（40 张底片）	1188 元	1 小时

表 5–3　莲沙岛 / 福沙岛选加特色拍摄点

拍摄地点	价格	拍摄时长
骆驼、巴吉赛车	588 元（每项）	30 分钟精修 6 张

表 5–4　莲沙岛 / 福沙岛套餐系列

<table>
<tr><th>套餐</th><th>价格</th><th>拍摄时长</th><th>交付照片</th></tr>
<tr><td>儿童套餐</td><td>588 元</td><td>40 分钟</td><td>30 张底片，5 张精修</td></tr>
<tr><td>儿童双人套餐</td><td>788 元</td><td>40 分钟</td><td>30 张底片，7 张精修</td></tr>
<tr><td>儿童三人套餐</td><td>1288 元</td><td>60 分钟</td><td>40 张底片，10 张精修</td></tr>
<tr><td>个人套餐</td><td>888 元</td><td>90 分钟</td><td>50 张底片，5 张精修</td></tr>
<tr><td rowspan="2">家庭套餐</td><td>1288 元</td><td>1 小时</td><td>40 张底片，5 张精修</td></tr>
<tr><td>1688 元</td><td>90 分钟</td><td>60 张底片，10 张精修</td></tr>
<tr><td rowspan="2">两个家庭套餐</td><td>2688 元</td><td>40 分钟 / 家</td><td>60 张底片，15 张精修</td></tr>
<tr><td colspan="3">每个家庭套餐类仅限一家三口，增加一位 /200 元 /3 张精修</td></tr>
<tr><td rowspan="2">全天跟拍（全景区）</td><td>2988 元</td><td>3 小时</td><td>100 张底片，20 张精修</td></tr>
<tr><td colspan="3">限拍摄人数三人，增加一位 /500 元 /6 张精修</td></tr>
</table>

表 5–5 莲沙岛 / 福沙岛写真系列

套系	价格	拍摄时长	拍摄范围	交付照片	服装 / 道具 / 造型
个人写真	2988 元	3 小时	双岛 5 个地点（景区任选）	精修 20 张，底片全送（100 张）	2 套
轻婚纱	3988 元	3 小时	双岛 5 个地点（景区任选）	精修 20 张，底片全送（120 张）	男女各 2 套
情侣写真	3988 元	3 小时	双岛 5 个地点（景区任选）	精修 20 张，底片全送（120 张）	男女各 2 套
每增加 1 套服装 +399 元，每增加 1 套特色服装 +1288 元 /3988 元					

表 5–6 莲沙岛 / 福沙岛 Vlog/MV 系列

时长	价格	拍摄时长	备注
15s	299 元	30 分钟	+ 航拍 / 条 /300 元 每增加 10 秒 200 元
20s	399 元	30 分钟	
30s	499 元	30 分钟	
60s	1288 元	1 小时	
3 分钟	1988 元 /2999 元	4 小时 /8 小时	+ 机位 / 个 /1000 元，+ 航拍 / 条 /1000 元
航拍 Vlog	（10s~15s）299 元	30 分钟	

表 5–7 服装 / 道具 / 造型

儿童服装价格	每人 / 套 /99 元 /199 元 /299 元
成人服装价格	每人 / 套 /299 元 /588 元 /888 元
特色服装价格	每人 / 套 /1288 元 /3988 元
注：服装价格内包含化妆、造型、道具	

2. 构筑线上平台传播体系

一是积极与携程旅行网、阿里旅行 · 去啊、去哪儿网、马蜂窝、途牛旅游网、驴妈妈旅游网、艺龙旅行网、穷游网合作，进行线上销售。对于团购群体的销售，景区主要与美团网、拉手网、大众点评网进行合作。

二是注重对游客的全媒体渗透。响沙湾旅游品牌虽然已经有了一定的知名度，为了通过游客的话题增加景区的影响力，景区于 2014 年 7 月 10 日注册了新浪微博，并于 2017 年 5 月完成了微博认证。截至 2022 年 9 月拥有粉丝 4.5 万，视频累计播放量 7186 次。目前设置了官方微信公众号，也开通了线上预订功能，大大方便了游客的出行。

第二节　红山玉龙沙湖国际生态文化旅游区

一、景区简介

红山玉龙沙湖国际生态文化旅游区（简称“玉龙沙湖景区”）地处内蒙古赤峰市翁牛特旗东北部，以唯美的“白沙漠、红沙岩”而闻名，是集沙漠、草原、湿地、奇松、怪石为一体的休闲度假景区（见图 5-4、图 5-5），是国家 4A 级景区。景区大规模建设开始于 2012 年，依托自然资源开发了多项生态环保的文化旅游体验项目，2013 年景区建设的四星级原生态集装箱度假酒店投入使用，并在第三届中国旅游产业发展年会上，被评为“2013 十大中国

图 5-4　玉龙沙湖景区导览图

旅游特色主题酒店”。景区通过多年的建设发展，基本形成大漠观光游、户外探险游、休闲度假游、温泉疗养游、文化体验游、周末亲子游等特色，并先后荣获了中国国家沙漠公园、内蒙古自治区级地质公园、全国中小学研学实践教育基地、国家体育产业示范单位等荣誉称号。

图 5–5　玉龙沙湖景区宣传海报

二、景区资源介绍

（一）厚重的人文资源

1971 年闻名中外的新石器时代红山文化[①]标志物“中华第一龙”——玉龙[②]在此地出土，景区也因而得名“玉龙沙湖”，景区以红山文化、蒙古族民俗文化为代表的诸多文化元素，构成了景区厚重的人文资源。

① 红山文化以辽河流域中支流西拉沐伦河、老哈河、大凌河为中心。分布面积达20万平方公里，距今五六千年，延续时间达两千年之久。

② 新石器时代红山文化的标志物玉龙是新石器时代的玉器（祭器礼器），于1971年出土于内蒙古自治区翁牛特旗三星塔拉遗址，收藏于中国国家博物馆。玉龙呈墨绿色，高 26 厘米，完整无缺，体蜷曲，呈“C”形，造型生动，雕琢精美，被誉为“三星塔拉红山文化玉龙”，也称为“中华第一龙”。2013 年 8 月 19 日，国家文物局将新石器时代红山文化玉龙列入《第三批禁止出国（境）展览文物》。玉龙的出土将中华五千年的古文明史起源又向前追溯了一千多年。

（二）独特的自然资源

玉龙沙湖因沙漠中泉水涌出在沙漠中积水成湖而闻名，景区中的湖泊水面宽阔，湖中又有十多座沙岛，形成沙中有湖、湖中有岛、岛上有草、草中有鸟的奇特沙湖景观。景区内的沙丘高大陡险，平均垂直高度 75 米以上，沙子自然坡高约为 70~100 米，呈新月形，沙粒多为石英沙粒，颗粒均匀，晶莹剔透，响沙群巨大陡峭的高差是大众户外运动的理想之地，《后会无期》等多部精彩的影视剧作品都在此地取景拍摄。

（三）度假特色彰显

景区度假资源丰富，其特色景观（见表 5-8）、线路都非常有趣，宜静宜动，并在沙漠中开发出了独具特色的休闲体验——温泉泡池和游泳池。

表 5-8　玉龙沙湖景区特色体验景观

主要体验项目	资源特点
玉龙广场来相会	从玉龙沙湖景区大门口步行约 3~5 分钟抵达玉龙广场。这里有免费的景区观光游览车可达红山广场，是“红山文化寻根之旅”的起点，也是玉龙沙湖美妙之旅的开始
沙漠越野激情四射	不上长城非好汉，不闯沙漠枉此生，在沙漠中越野释放自我，放飞勇者的心灵，在狂野奔放中领略沙漠独特的风光。专业车手将带领您感受前所未有的激情
大石棚祭祀广场的民族风情	天然形成的大石棚壁后天塑造出巨型图腾红山女神像，寓意红山文明。石像前铺设硬化的祭祀广场，还原千年风俗的祭祀活动，充满蒙古风情的篝火晚会，让您身临其境感受红山文化的独特魅力
红山玉器雕塑园了解红山	玉，在我国历史上意义非凡。世界闻名的新石器时代红山文化遗址中发现的玉器最为典型，分别是动物形玉器、筒形玉器、钩形玉器和玉璧。玉器雕塑园高度还原文物外观，让您领略红山文明厚重的文化底蕴
木栈道深情浪漫	大漠天阶——木栈道。它由纯木制造，连绵千米一望无际，静铺大漠之中指引风沙归途。犹如深情的少女等候未归的良人，像爱情一样经得住细水流年，经久弥香。若与爱人携手漫步，犹如爱恋穿梭于古今，恒久缠绵，回味悠长
沙漠刀峰粗犷豪迈	沙漠中沙丘千变万化，但刀峰却像被利剑劈过，常年保持着它独有的姿态，远处看就像一把刀刃朝上的宝刀。新月形沙丘链，罕见的垄状和蜂窝状的连片沙丘一览无余。这是沙漠中独一无二的美景。同时这里也是游客观光的“中转站”，下山便回头，继续坚持前行就能到玉龙沙湖最高峰

续表

主要体验项目	资源特点
神女峰神秘美丽	景区最高峰神女峰，可远观史前文化发源地之一——西拉木伦河全景，八百里瀚海尽收眼底。石缝间屹立红山女神像，端庄威仪神韵非常，与祭祀广场女神像遥相辉映。眺望远方，大漠浩瀚，长河如带，沙海茫茫。诚心敬拜女神，心诚者自得所愿
能量之源体验岭体验生命真谛	这里有“敖包”（蒙古语音译），即石堆，由人工堆积而成，蒙古族祭祀之用。祭祀活动的出现揭示此时的远古先民对超自然力的一种新认知，是人类在大自然中表现出生命力、创造力的一次直观展示，寓意着人类对大自然无尽的探索与挑战
石长城鬼斧神工	石长城是第四纪冰川的遗迹，世界罕见，自然的创意之作。造型奇特，天然形成，似万里长城般雄伟壮观。200 万年前，这里曾是一片汪洋，因第四纪冰川地壳变迁，湖底抬升，再经过寒冻风化，风蚀，形成了这壮丽的景观
驼马驿站悠闲骑行	骆驼具有“沙漠之舟”的美誉，其性情温顺，一生为人类生活交通提供方便任劳任怨。与家人朋友结伴，听着清脆悦耳的驼铃，骑着骆驼悠闲横穿沙漠享受大漠风光，感受不一样的民族风情
阳石阴石天作之合	天然无雕饰，却近乎逼真让人脸红心跳。阳石孤峰顶立，高大挺拔，具有阳刚之气；阴石藏于幽谷深处，怪石为屏，密林为护，像阁中秀女羞涩柔美。阴阳石佳偶天成，让人联想起生命的奥秘和起源
冰臼群远古痕迹	第四纪冰川后期，巨厚冰层的融水沿着冰川裂隙向下流动时，由于巨大压力进行强烈冲击、游动和研磨，最终形成深坑，这些坑极像南方舂米的石臼，因此称为冰臼。玉龙沙湖里分布着大大小小的冰臼，成为一道独特的风景线
沙漠嘉年华健康运动	●沙漠真人 CS 逼真的装备与作战效果，全套野战迷彩服、钢盔让您顿感全身充满活力！沙漠将是您最好的作战场地！在战斗中奔跑、跳跃、移动，时刻保持最好状态，面对生活所有挑战 ●皮划艇 与广阔自然近距离接触，感受到水域的壮阔与魅力，让人心情舒畅，而且还有一定的运动强度，泛舟水上，现场体验劈波斩浪、奋勇向前的乐趣 ●滑沙板 下滑时随着沙山的坡度加大和下滑速度的加快，顿觉两耳生风，转眼之间就冲到了山下，在有惊无险的瞬间体味到了刺激与快感。在运动的同时又能领略到沙漠的绮丽风光 ●沙地摩托 驾驭沙地摩托驰骋在这片沙漠之中，到达终点的那一刻，将是胜利者的姿态与凯旋的感觉！沙地摩托驾驶技术简单易懂，是一项适合大众的趣味运动 ●垂钓园 玉龙沙湖宜静宜动，欢快激情的运动过后，可以来到垂钓园稍作休息，阳光与暖风，伴随湖边茂盛的植被飘来阵阵自然清香，静下心来，相信您今日垂钓会收获良多

续表

主要体验项目	资源特点
玉龙美食街小吃风味	纯正内蒙古民俗小吃，赤峰特色美食，酥脆香甜。在这场充满活力激情的沙漠里，给您味蕾上的惊喜。美食街设有蒙古烧烤、草原肉饼、奶豆腐和奶皮等一系列奶制品、赤峰著名小吃对夹、奶茶、马奶酒等特色酒水。在这里，您可以放开怀抱拥抱沙漠，尽情吃喝

三、服务与管理的主要特点

（一）推动打造国家赛事基地

2013 年 8 月玉龙沙湖景区首次举办大型体育赛事——中国超级皮卡大会，参与比赛的超级皮卡车辆 700 余辆，2000 多名参赛选手。中央电视台、旅游卫视、凤凰卫视、新华社、中央人民广播电台等一线媒体全程参与赛事活动宣传报道，由此开启了玉龙沙湖景区打造赛事基地的序幕。2014 年 9 月，玉龙沙湖投资 400 万元成功举办了赤峰市第一个中汽联注册的国家级独立赛事。赛事全程 382.7 公里，被誉为“中国道路变化最多、地形种类最多，难度系数最高的越野拉力赛”，由此开启了系列国家级、国际级赛事。除了承办国家级独立赛事外，其他的常规赛事有：中国超级皮卡大会、玉龙沙湖冬季沙漠越野挑战赛、玉龙沙湖自行车嘉年华、玉龙沙湖杯沙滩足球邀请赛、中国徒步大会等各类型专业赛事。玉龙沙湖景区在 2017 年荣获“国家体育旅游示范单位”荣誉称号、2021 年获得 2017—2020 年度“全国群众体育先进单位”国家级荣誉。

（二）打造影视基地

以电影《后会无期》（2013 年 11 月）在玉龙沙湖景区拍摄为契机，积极拓展影视剧在此拍摄，每年都有多部影视剧在玉龙沙湖景区取景，有效地扩大了景区在国内的知名度。2016 年 6 月，法国·戛纳“城市旅游电影”推广季在玉龙沙湖景区开设专场，开展“海与大漠的对话，流沙与光影的邂逅”主题演出、艺术沙龙、艺术展览、旅游交流等文化活动，国际著名影星朱丽叶·比诺什、戛纳市代市长等均参与了此项活动，进一步提升了玉龙沙湖景区的知名度。

（三）打造休闲旅游度假胜地

以核心度假资源优先打造为核心，凝聚起休闲度假要素。首先打造“宿”休闲要素，2013 年 3 月景区聘请专业设计机构规划设计度假酒店——四星级原生态度假酒店，凭借“保护第一、开发第二、有序规划、天人合一”的绿色环保业态开展建设。其次打造“娱”休闲要素，2015 年景区 6000 平方米综合接待中心投入使用，设有大堂吧、TV、棋牌室、酒吧、多功能会议室、沙滩泳池、沙滩足球场、大型停车场等配套设施，周围品种繁多的花草树木遍布其中①，使得娱乐休闲体验功能得到进一步增强。四星级原生态度假酒店建成，以及景区其他资源的有效开发（例如：沙漠温泉、户外露天泳池、6000 平方米的接待中心、星空酒吧、实景剧场）促使各种休闲资源有机结合，打造了放松身心的享受体验，有效助力了景区享受型度假胜地的打造。

（四）不断优化门票产品体系

以丰富门票年卡体系为核心，不断推动景区产品销售。玉龙沙湖门票 80 元，为了推动销售，以年卡为主体多元化地推出优惠措施。例如“99 元玩全年，旅游不出旗”，是 2021 年针对所在地区——内蒙古翁牛特旗居民推出的 99 元门票年卡，公交直达玉龙沙湖，并对本景区其他收费娱乐项目进行了最大优化。2022 年又陆续推出一年期、二年期、三年期的成人卡和儿童卡（见表 5–9）。

表 5–9　玉龙沙湖景区年卡

类型	价格	其他可享受优惠	购买与使用规则
年卡	99 元门票年卡，可在年卡有效期内不限次数进入景区，年卡不包含景区其他收费娱乐项目	1. 儿童水上乐园 29/ 人（原价 80 元 / 人） 2. 儿童树桥探险 39 元 / 人（原价 90 元 / 人） 3. 温泉 49 元 / 人（原价 200 元 / 人） 4. 实景剧 59 元 / 人（原价 190 元 / 人）	1. 可在年卡有效期内不限次数进入景区，年卡不包含景区其他收费娱乐项目，节假日可用此卡 2. 只针对翁牛特旗本地市民 3. 年卡不分半价儿童、半价老人 4. 年卡一经售出，不退不换，遗失后可凭本人身份证到指定销售点补办，工本费 10 元

① 综合接待中心二楼的白桦餐厅，就地取材、风格独特，拥有 600 个餐位，多间沙景包房，布局合理、美轮美奂，可接待大型团餐、宴会和酒会。

续表

类型	价格	其他可享受优惠	购买与使用规则
成人卡	1 年期，成人卡，129 元 / 人		1. 可在年卡有效期内不限次数进入景区，年卡不包含景区其他收费娱乐项目，节假日可用此卡 2. 仅限本人使用
	2 年期，成人卡，219 元 / 人		
	3 年期，成人卡，269 元 / 人		
儿童卡	1 年期，59 元 / 人		1. 适用年龄：6 周岁（不含）—18 周岁（含）未成年 2. 可在年卡有效期内不限次数进入景区，年卡不包含景区其他收费娱乐项目，节假日可用此卡 3. 仅限本人使用
	2 年卡，99 元 / 人		
	3 年卡，119 元 / 人		

（五）构筑研学旅游新特色

玉龙沙湖景区 2017 年获批教育部首批全国中小学生研学实践教育基地，玉龙沙湖景区研学实验教育基地研学方向有：探寻玉龙之乡、内蒙古蒙古族风情之旅研学实践教育活动、内蒙古地质文化研学教育活动、游牧文化研学教育活动（见表 5–10），有效推动了青少年在玩中学习，在学习中成长。

表 5–10　玉龙沙湖景区研学特色

研学种类	主要内容
探索玉龙之乡	探寻中华第一龙，了解红山文化，寻找文明起源
内蒙古蒙古族风情之旅研学实践教育活动	观看诺恩吉雅实景剧，了解蒙古族习俗，培养爱国情怀
地质文化研学教育活动	神奇的第四纪冰川遗留
游牧文化研学教育	游牧民族特有的驼背及马背文化源远流长

第六章
自然风光类旅游景区

第一节　桂林两江四湖 · 象山景区①

一、基本情况

“桂林两江四湖 · 象山景区”②位于著名国际旅游城市、中国历史文化名城、有中国优秀旅游城市之称的桂林市中心城区，总面积约 3.1 平方公里。景区是桂林城市旅游重要的组成部分，是桂林最具代表性的传统标志景观“三山两洞一条江”和世界自然遗产，中国南方喀斯特重要组成部分，是现代城市山水生态园林的代表，被誉为中国城市水系改造工程典范。景区拥有世界闻名的山水景观，数量庞大的摩崖石刻、保存完好的山水城市格局和历史文化遗址，以及桂林传统民俗艺术表演等历史、文化景观，汇集了桂林山水风光和历史文化精华，旅游资源极其丰富，有着极高的观赏价值、历史价值、文化价值和科学价值。

二、发展历程

2014 年两江四湖景区和象山景区在桂林旅游发展总公司和桂林旅游有限公司的指导下，开工建设 5A 级景区，决定将象山、叠彩山、伏波山与两江四

---

① 本案例编写参考了桂林两江四湖 · 象山景区官网（www.glljsh.com）等有关资料。

② 两江四湖：是指由榕湖、杉湖、桂湖、木龙湖、漓江、桃花江所构成的桂林环城水系，它是城市最靓丽的一条全景带。唐代兴起在水上游览桂林，宋朝开始逐渐兴盛。那时的桂林城内，湖水密布，水系发达，游客乘船即可以游览风景如画的城市。通过多年的打造，环绕桂林市的两江四湖又形成了具有中国风韵的特色，两江四湖游船已成为中外游客游览桂林的重要选项。

象山景区：位于桂林市桃花江与漓江交汇处，1995 年被命名为桂林市徽。景区主要景点有象山、水月洞、象眼、普贤塔、三花酒厂、爱情岛、云峰寺、太平天国革命遗址陈列馆等。著名的象山水月洞有 22 件石刻，共 3065 字，这些石刻反映唐宋的历史文化，它也是唐宋石刻最多的一条河流。2013 年、2014 年两度获得央视“中国最美观月地”称号。2016 年被选为 2017 年央视春晚南方分会场，因此，象山不仅是桂林山水的代表，也是桂林人与自然和谐相处的中国象征景观。

湖组成“两江四湖·象山景区”，统一管理、统一规划、统一营销。2005年被《中国国家地理》“选美中国”活动评选为中国最美的五大峰林之首的大自然奇迹；2013年、2014年连续两年获央视新闻频道网络评选“中国最美赏月地”称号；2017年获得中国休闲度假5U奖、2017年度中国华南最具人气人文景区奖、2017年度中国人气推荐景区奖、2017年度央视春晚最佳支持奖，2017年同年2月被评定为国家5A级旅游景区；2018年被评为广西壮族自治区文化产业示范基地、第五届桂林市市长质量奖提名奖、最具人气景区（含演艺）、新时代·中国最佳夜游景观休闲胜地；2019年获得安全生产标准化建设登记证书（二级）；2020年获得桂林市首届品牌故事优秀奖、十佳夜游文化景区、广西十佳夜游景区等奖项。

三、服务与管理的主要特点

（一）大力打造夜间旅游经济

桂林两江四湖·象山景区在2013年3月打造了大型超媒体夜游风景——《象山传奇》，该项目耗资1.6亿元，使得在象山风景区，白天可以欣赏象鼻山的美景，晚上可以感受象鼻山的梦幻。《象山传奇》是基于声音、视觉和科学技术的夜间文旅奇幻项目，获得北京水晶石公司[①]提供的技术支持。项目依托象山水月，通过最先进的视听表演媒体和声、光、电影像技术，重振流传千年的象山的历史文化，为桂林打造国际旅游目的地、繁荣桂林市夜经济做出了有效支撑。《象山传奇》分为四大篇章：远古桂林，神秘象寨、幻影剧场、神象传说（见表6-1），这四个部分的有机结合，展现出景区的夜间文化，同时每一部分都有自己的内涵，视觉元素各不相同，呈现出的视觉效果也各有不同。项目首次推出后，在2013年7月的广西旅游发展大会上，获得了业界人士的普遍好评。自演出以来，平均每晚为象山风景区带来约300名游客，《象山传奇》在开演当年（2013年）接待游客4.3万人次，门票收入约1118

① 该机构是诸多项目的数字供应商，2008年北京奥运会、2012年伦敦奥运会数字影像都是该机构提供的，上海2010世博会等重大项目高科技数码也是由该机构支持的。

万元，市场推广不断增强，观赏游客逐年递增。

表 6–1 《象山传奇》主要篇章

篇章	体验内涵
第一部分：远古桂林	奇特的山水景色，还有先人的生活场景，打造出桂林的古风画卷
第二部分：神秘象寨	在寨子里播放着美妙的音乐，在幽暗的灯光下，置身其中，就像一场奇幻的梦境
第三部分：幻影剧场	讲述桂林的形成以及一些古老的祭祀仪式。随着现代科技的发展，为人们上演了亦真亦幻的影像
第四部分：神象传说	运用全球最先进的技术和新媒体，打造一场盛大的视觉盛宴，为这座山峰增添了新的色彩

桂林两江四湖·象山景区与时俱进，不断提升夜经济质量，为了提升景区里乘船夜游体验①，2022 年 8 月桂林两江四湖·象山景区顺利完成新型游船巡江首航，桂林漓江夜旅游形象焕然一新，开启了水上游产品新体验项目，也极大地振奋了桂林旅游行业的信心，让桂林旅游形象在国内外旅游市场再次得以升华。

（二）提高智能化管理和服务水平

景区已经开通官网和微信公众号购票渠道（见表 6–2），可以满足游客提前购买门票的需求，为了分散在景区门口购票的游客，尤其在疫情防控期间，为了避免大量游客的聚集，可以通过扫二维码购买门票、取票、检票入园，大大缓解了景区门口拥堵的现象。这样既节省了人力成本，也增加了销售途径，提高了景区的出票效率，也给游客提供更好的服务体验。

表 6–2 桂林两江四湖·象山景区套票一览表

序号	名称	主要游览景点	价格（元）
1	景区套票 A	象鼻山（免费）+ 伏波山 + 叠彩山 + 夜游两江四湖	248

① 2022年桂林两江四湖·象山景区倾力打造的7艘全新大型游船陆续入列开航，其中船体规模最大、配置最豪华的“漓江之梦”号游船，更是采用清洁能源的纯新能源动力船，能为游客和市民提供更多场景式旅游新选择。

续表

序号	名称	主要游览景点	价格（元）
2	景区套票 B	象鼻山（免费）+ 夜游两江四湖	210
3	景区通票 A	象鼻山（免费）+ 伏波山 + 叠彩山 + 木龙湖公园 + 日月双塔 + 夜游两江四湖	328
4	景区通票 B	象鼻山 + 伏波山 + 叠彩山	90

注：根据桂林两江四湖 · 象山景区（www.glljsh.com）等相关资料整理而成。费用说明：含景区首道门票，预订时间：为景区电子票，即买即入，未取票则出游日期 3 日之内有效，最晚当天 17：30 前预订；取票方式：凭二维码扫码入园。

在景区导览方面，微信公众号上有景区各景点的语音解说、线路推荐、地图导航，这些方面为游客了解景点的信息提供了便利条件，同时也可以合理规划旅游线路，能够很好地辨别景区的方向。游客通过扫描二维码并支付少量的费用可以获得景区的自助语音解说服务。并且景区和美团推出手机电子导览的功能，游客到达目的地后，打开手机中的电子导览功能就可以进行播报了。网站和微信公众号展示了大量的景区图片和视频，还有实景 VR，游客通过观看 VR 实现了景区的云旅游，大大增加游客的视觉体验。

景区的展示方面，无论是官网还是官微都有景区概况的介绍、购票的说明、餐厅、住宿的预订信息，甚至近期的主题活动，这些都能够给予游客很好的旅游体验。

（三）借力新科技开创新营销

1. 传统媒体 + 新媒体复合式营销

2020—2022 年，桂林两江四湖 · 象山景区受到新冠疫情影响较大，景区积极开展线上营销，不断开拓市场。主要通过“旅游 + 直播”的方式，借助大型线上“云旅游”模式实现大平台引流，提升宣传效果。积极利用央视平台、新浪网、京东、抖音平台、海外网、中国移动、阿里巴巴等各类主流线上平台进行景区宣传，直播收看量均破百万次以上[①]。

2. 5G 拓展数字营销内涵

积极借力 5G 技术加快旅游服务创新。携手中国移动借助 5G 新技术进行景区夜景航拍直播，并启用智能机器人替代导游进行讲解服务，将唯美景观用全新立体的视角进行展示，直播总曝光量约 100 万次。利用 5G 技术信号直播，游客和网友不仅可以看到平日夜游两江四湖时鲜见的高空和全景视角，还可以与景区无延迟互动交流，感受与以往完全不同的旅游体验。

（四）注重发挥传统节庆魅力

农历“三月三”是广西最盛大的节日，是壮族的传统歌节，又被称为“三月三歌圩节”，为了体现节日的民族特征和民族文化特色，景区每年在四月开展了“三月三”乐游四湖活动。活动期间，导游员身着民族服饰与游客进行互动，对山歌、抛绣球、抽大奖，游客们一边领略桂林的秀美山水风光，一边感受广西特色三月三的节庆氛围与歌圩节独特文化，现场气氛十分活跃。同时还在象山景区里邀请老艺术家及艺术团队向游客展示桂剧的艺术魅力。桂剧已经被列入首批国家级非物质文化遗产名录，它展现了广西的风土民情，在戏剧的舞台上，还设置了与游客互动的环节，游客可以在专业人员的指导下，学习桂剧中的一招一式，体验一下戏剧人生。

例如，“2021 桂林两江四湖花灯节”由桂林旅游股份有限公司携手桂林市两江四湖旅游有限责任公司主办，除了获得桂林市秀峰区政府以及桂林市秀峰区文化体育和旅游局的大力支持，还有新能量注入——桂林今日文化推动桂林旅游年度 IP 重点塑造，现场同期宣布 2021 年抖 in 桂林启动，一同见证桂林城市宣传新起点。

① 在各类媒体推广中，景区在央视直播总曝光量达150万次；京东直播总曝光量超200万次；广西壮族自治区文化和旅游厅三月三直播总曝光量约 105 万次。

（五）注重挖掘历史文化与人文景观的开发

景区有深厚的历史积淀与文化内涵①和丰富的人文景观②，也是世界名桥博览园，共有各具特色的桥梁14座。两江四湖景区通过各种技术手段，将这些有代表性的人文资源进行了有效的开发和展示。开发了游船枢纽过闸设施，如木龙湖升船机、春天湖船闸、象山托船机，通过这诸多设施，将榕湖、杉湖、桂湖、木龙湖与漓江、桃花江连为一体，解决了四个内湖与两江之间近2米的水位落差问题。

（六）大力实施标准化战略

为了推进景区服务标准化创建工作，提升全员素质，规范景区管理，保障景区持续稳定发展，2016年8月景区启动了旅游服务业标准化工作，成立公司标准化工作领导小组，结合公司实际情况，制定了公司《标准化体系实施管理办法》及公司《标准化工作实施计划》，并严格按照计划有序地开展公司的服务业标准化体系的创建工作。

景区进行为期一年（2017年）的标准化服务建设与质量管理提升工作，通过这些工作的实施，两江四湖实现由点到面的升级。景区的环境卫生、旅游服务、导游咨询、游览秩序等服务得到质的飞跃，两江四湖景区将以更加独特的魅力、表现力和影响力，向游客展示其蓬勃的企业文化、景区美景和热情细致的服务。

2019年，两江四湖景区服务标准化工作顺利通过广西创标办验收组的验

---

① 其中，鹦鹉山的南宋摩崖石刻《静江府城防图》是世界上保存最完整、最大的碑刻；宝积山上有3万年前旧石器时代晚期的古人类遗址——宝积岩；景区内还有大量宋代遗存，如东镇门和现存的古驿道城墙等；木龙湖景区有李济深故居、八路军办事处等历史文物古迹；榕湖景区的古南门城楼，是桂林重点文物保护单位，为唐代名将李靖于武德四年（621年）所建，距今已1300年；古南门附近有宋代诗人黄庭坚系舟处；榕湖边的白崇禧故居，珍藏着大量民国时期古董家私；杉湖边的李宗仁官邸是国家重点文物保护单位；文昌桥码头有始建于唐代的舍利塔，内置有明、清时期盛舍利的陶罐10余件，内壁有墨书《金刚经》全文；伏波山现存摩崖石刻112件，其中艺术价值最高的是宋代大书画家米芾的自画像和亲笔题名；叠彩山半山风洞处精美石刻随处可见，风洞右上方有陈毅元帅“愿作桂林人，不愿作神仙”石刻。

② 其中杉湖景区的日月双塔是在唐代佛塔基础上于2001年重建的，现是桂林市的文化地标，其中日塔创造了三项世界之最：世界上最高铜制佛塔、世界上最高水中电梯塔、世界上最高铜制建筑物。

收，成为广西旅游标准化示范单位。推行服务标准化工作以来，创造出具有“两江四湖”特色的动态管理体系服务标准化。标准体系共分为基础标准体系、管理标准体系、服务标准体系、岗位工作标准体系四大项体系，共142个文件。涵盖各个岗位和工作环节，其中《春天湖船闸操作规范》《木龙湖升船机操作规范》等是具有特色的5个标准文件。景区不断修订完善各项管理制度，为可持续发展奠定了坚实的基础。

两江四湖·象山景区为了推进景区标准化建设，不断完善游客服务中心，系统地提供了讲解、咨询、线路安排等各种旅游服务，仅咨询点就下设了渔人码头服务站、木龙湖服务站、伏波山服务站、日月湾咨询点、日月双塔咨询点、文昌桥咨询点、叠彩山咨询点等多个网点。不断强化讲解服务与管理，导游讲解人员做到统一着装，在讲解的过程中，能够为游客提供生动的讲解服务，讲解规范化的同时，具有较强的针对性（详见桂林象山景区导游词）。

桂林象山景区导游词（节选）

象山公园地处广西桂林市中心的漓江与桃花江汇流处，占地面积11.88公顷。园内自然山水与人文景观交相辉映，山、水、洞、岛、亭、台、坪、径、文物、古迹相映成画，美不胜收，令人心驰神往。

象鼻山又名象山，是公园的主要景点，其山形酷似一头驻足漓江边伸鼻豪饮甘泉的巨象，栩栩如生，引人入胜，被人们美誉为桂林山水的象征，也成为桂林市的城徽。山体前部的水月洞，弯如满月，穿透山体，清碧的江水从洞中穿鼻而过，洞影倒映江面，构成“水底有明月，水上明月浮”的奇观，“象山水月”因之成为桂林山水一绝。

水月洞的幽奇迷幻令古往今来的墨客骚人文思泉涌，洞内外石壁上留下了历代石刻文物50多件，多为宋代镌刻。象山南麓，有始建于唐代的云峰寺，象山的东、西麓，有石级曲折百上。山顶平展，树木成荫，小径通幽；明代建筑普贤塔耸立于此，塔高10余米，因塔身的正北面嵌有青石平雕的普贤菩萨像而得名，普贤塔形似剑柄，又似宝瓶，古朴凝重；游人立于山顶，神清气爽，极目远眺，桂林山城美景尽收眼底。自然景观、人文景观交相辉映，使得古老而年轻的象山魅力独具。象山公园常举办各类花展，游人徜徉其中，但见山之奇峭、水之碧透、洞之清幽、花之娇媚，几疑身处仙境，流连忘返。桂林之旅，从象山公园开始。

从滨江路步行下江岸，能一览象山全景，“象汲长波，洞生明月”，象山公园的第一景便是“象山水月”。距今1.2万年左右，地壳抬升，漓江水面由2千米宽度不断缩小，江水在山体东麓冲刷溶蚀出一个长17米，宽9.5米，高12米，位于象鼻与象腿之间的通透圆洞，即“水月洞”，又名朝阳洞。江水穿洞而过，山洞如明月浮水。有诗赞曰：“水底有明月，水上明月浮。水流月不去，月去水还流。”与象山隔河相望的訾洲翠竹簇簇，果树葱葱，竹篱茅舍掩映其间。若是雨季，云蒸雾腾，村舍与绿树皆似披上一袭轻纱，古人称之为“訾洲烟雨”。将其列为桂林八大胜景之一。此时的巨象仿佛被赋予了生命，在烟雨中惟妙惟肖。象山水月被视为桂林的象征，是中外游客最为神往的风景点。

（七）举办多彩的特色文艺演出节目

桂林两江四湖·象山景区积极推动各类特色的文艺演出（见表6-3）。例如，“鱼鹰捕鱼”古老技艺展示节目是在夜间进行表演的，是目前桂林市阵容最宏大、场面最壮观、表演技法最传统的原生态鱼鹰捕鱼表演秀，展现出千年来渔民与鸬鹚配合捕鱼的生动场景，同时借助多项搭配元素，让整场表演更具观赏性；“木龙湖光影秀”依托桂林古代战时烽火城墙遗址，融合了地方非遗文化——刘三姐和阿牛哥的传奇爱情故事、传承千年的漓江渔民传统原生态鱼鹰捕鱼表演、展现瑶族文化的荷塘梳妆等。

表 6–3　桂林两江四湖・象山景区特色文艺演出

主要节目		地点及演出内容
1	鱼鹰捕鱼（19：00—21：30）	表演点设在桂湖观漪桥附近水域，演艺传承了千年的漓江渔民传统原生态捕鱼形式。"桂湖渔火"是两江四湖山清水秀中特有的桂林渔家文化景观，如今已成为桂林山水旅游文化的重要组成部分
2	木龙湖光影秀（19：00—21：30）	表演点设在木龙湖景区，采用了先进的声光影技术让流光溢彩的灯效衬托出木龙湖的绚丽夜景，与气势恢宏的宋城墙、环湖岸边的宋代风格建筑群相互辉映，打造出秀美的木龙湖不夜城景色
3	红瑶荷塘梳妆秀（19：00—2130）	表演点设在木龙湖景区。红瑶女性有蓄长发的民族传统习惯，长发是红瑶女性最特有、最美丽、最妩媚的象征，因此，桂林红瑶赛获得"吉尼斯群体长发之最"的称号。表演时几名瑶族少女上身着束身宽袖瑶服，下穿齐膝、宽松的摆裙，围绕着用杉木做成的大木桶准备梳妆
4	两江四湖歌圩会（逢特殊节日 19：00—21：30）	表演点设在榕湖邀月台，是由民间文艺小团体组织进行的演艺秀，主要演出的是具有地方特色的歌舞

（八）推出具有特色符号的文创产品

桂林两江四湖・象山景区探索景区文创周边产品的研发和销售，做好风景区与文创产业跨界融合与创新，景区文创产品种类达到了637种。桂林两江四湖景区与苏州清语堂文化传播有限公司联合推出了"桂象・贵人之象"文创商店①，发掘两江四湖景区山水和文化底蕴，在重要旅游节点集中销售特色文创产品②，让游客将桂林独有的山水文化元素带回家③。其中具有代表性的文

① "桂象・贵人之象"文创商店2019年7月营业，店内各类文创产品，巧妙地融入桂林山水和两江四湖的代表性元素。尤其是造型萌到极点的两江四湖景区吉祥物"水灵灵"，成为最受欢迎的纪念品之一。

② 这些文创产品不但风格各异，而且最为重要的是都具有一定的实用价值。其中一个就是大象存钱罐，这也是小朋友们最喜欢的商品之一。它的外形就是象鼻山的样子，不但能够体现出桂林的城徽，而且孩子可以把自己的零花钱存到罐里，能够培养孩子节俭的优良品德。两江四湖景区还开发了定制款商品——红木书签，它包括"杉湖双塔""象鼻山风光""叠彩风洞口"和"伏波晚照"四个主题，在这些书签中把两江四湖景区内标志性的景点都吸纳进去，游客在读书的时候还能回忆起桂林的山山水水。

③ 比较有新意的文创产品是"城市邮册"，邮册里有大量展现桂林的图片和文字，还搭配了"长卷版"漓江风光纪念邮票，四枚不同主题的邮票是集邮爱好者的最爱，因为它具有美感和收藏价值。

创产品有：①水灵灵，提取一滴水珠演绎出一个活泼可爱的动漫形象，它是桂林山水的化身，也是两江四湖的小精灵。因为它的创造，也开启了景区的文化之旅；②复古笔记本套装，它是由一本笔记本和一支笔做成的，笔记本烫金雕刻工艺，非常精致美观，签字笔是由桐木材料制作的，显得高端大气，套装的包装是景区定制版礼盒，比较适合送礼和收藏；③无纺布袋，布袋上面有水彩画或者素描画，布袋上的画面体现了两江四湖象山景区的文化，布袋价格较低且实用方便，这也是赠送朋友的一款较好的旅游纪念品；④创意弯曲笔是一支趣味写字笔，它的造型比较独特，笔体的颜色非常鲜艳，笔体上面的图案就是两江四湖的吉祥物水灵灵，深受大家喜欢。除此之外，还有壮族娃娃钥匙扣、绳彩单层杯、中国剪纸、两江四湖水墨地图等各种旅游纪念品。

第二节　青要山景区[①]

一、基本情况

青要山景区位于河南省洛阳市新安县西北部，属王屋山—黛眉山世界地质公园的核心度假区域，国家4A级旅游景区。青要山景区东起曹村，西到慈母湖，北起探车岭，南至红沙腰，总面积为42平方公里，核心景区由和合塬、东大塬、西大塬、双龙峡、联珠峡、青女峰6个景域组成（见图6-1）。景区集幽、峻、险、奇于一身，具有山水宜人、潭瀑错落迷人、崖壁雄奇惊人、原始生态醉人的特点，被誉为“北方第一峡谷群”“峡谷之极品”，并以经济实惠的性价比获得游客的认同（见表6-4、表6-5、表6-6）。

① 本案例资料由同创文旅提供。

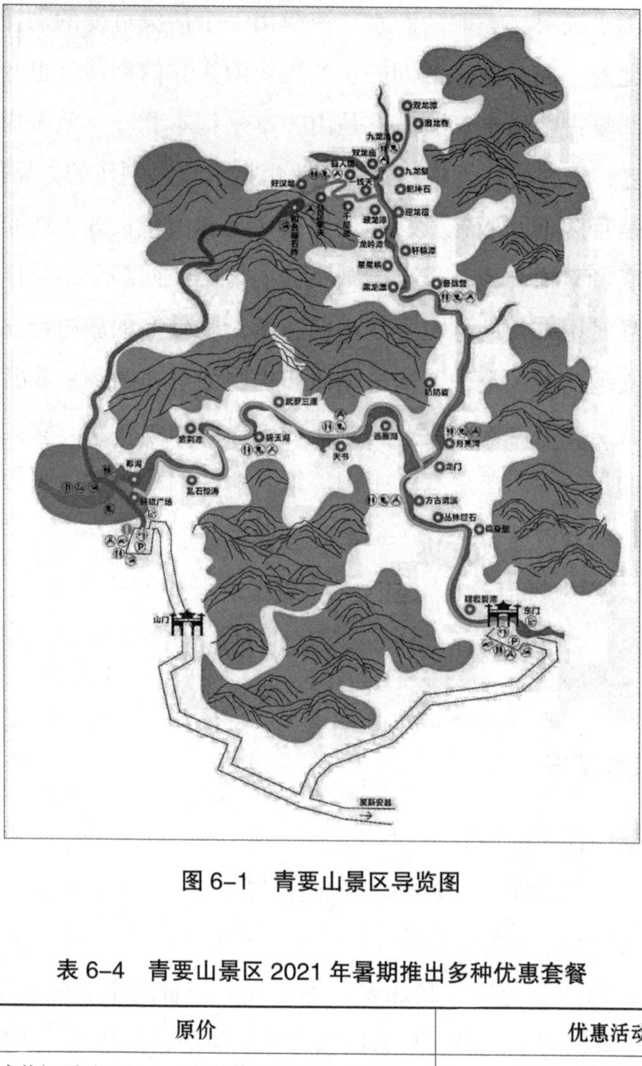

图 6–1　青要山景区导览图

表 6–4　青要山景区 2021 年暑期推出多种优惠套餐

类型	原价	优惠活动
A	全价门票（65 元）+ 观光车（30 元）=95 元	门票 + 观光车 =70 元
B	全价门票（65 元）+ 观光车（30 元）+ 玻璃滑漂（78 元）=173 元	门票 + 观光车 + 玻璃滑漂 =100 元
C	全价门票（65 元）+ 玻璃滑漂（78 元）=143 元	门票 + 玻璃滑漂 =85 元

注：购票方式：景区售票中心购买纸质门票；活动时间：2021 年 6—9 月；提示说明：套票中观光车仅限单程。

表 6-5　景区 2022 年青要山惠享 520 活动

序号	类型	内容
1	观光车免费坐	凡是自驾到景区的游客，凭停车票和购票凭证或保险凭证的其中一个，每辆车免费赠送当天观光车票一张（省 30 元，轻松畅游景区）
2	青要山大酒店凉菜送不停	自驾到景区的游客，凭停车票和购票凭证或保险凭证，每辆车均可在青要山大酒店免费领取一份精美的凉菜，每桌每次限领取一份
3	青要山大酒店房间送不停	（1）关注青要山公众号和青要山风景区抖音并留下评论即可参与，每天在评论中各优选 5 个，共 10 间。 （2）参与分享游玩青要山景区经历的投稿稿件可参与，赠送青要山大酒店客房 2 间，邮箱地址为：150055859@qq.com 所赠送的房间，在酒店用餐消费金额不作任何限制。所赠送客房需在当天中午 12 点前确认，当天 12 点免费赠送房间活动结束
4	景区嗨歌到不停	酒店门口提供音箱一套，每天晚上六点钟开始，九点半结束，进入景区的客人都可以参与免费欢唱活动

注：活动日期 2022 年 5 月。

表 6-6　青要山景区 2022 年 7 月优惠一览表

1	新安游客免门票
2	洛阳市属一市六区八县洛阳人民 35 元（原票价 65 元）
3	洛阳市属以外游客全价 65 元
4	教师免门票
5	医护工作者免门票
6	持学生证、高中考准考证等证件来景区的学生免门票，同行家长一人可免门票

注：1. 享受景区门票全免优惠政策的游客，需购买 5 元保险。2. 优惠时间：即日起至 2022 年 7 月。

二、开发历程

青要山于 1991 年由林业部批准为国家级自然保护区，1993 年 4 月辟为新安县风景旅游区对外开放。1998 年 6 月，经河南省人民政府批准建立“青要山风景名胜区”，以城崖地村为主，包括前扒、下地、瓦房村、小黑峪村、曹村、岸上、东大塬、西大塬、和合塬等，均归属曹村乡管辖。城崖地行政村自然村 5 个，户数 126 户，人口 456 人[①]，和合塬、双龙峡、联珠峡景区已于 2017 年 4 月对外开放。目前，青要山景区正在由观光型旅游景区向休闲度假型旅游景区转变，正在努力创建国家 5A 级旅游景区、国家级度假区，着力实现休闲度假旅游、特种旅游齐头并进、融合发展，努力打造国内一流的旅游目的地。

三、服务与管理的主要特点

（一）重视旅游资源的精细化开发

根据《旅游景区质量等级的划分与评定》（GB/T 17775—2003）中规定的旅游资源类型体系，青要山旅游资源赋存有 8 个主类，28 个亚类和 53 个基本类型[②]。青要山兼备自然与人文两大类资源，其山水、地质资源特色鲜明，生态与生物资源种类繁多，在青要山可以体验到山水风光与人文环境的完美结合[③]。

青要山景区旅游资源呈现“大分散、小集中”的格局。整个青要山围绕畛河和城崖地形成大小七条沟谷，每条沟谷都保持着原始状态，景观自然清新，神秘奇特。目前以城崖地为中心又形成了多条核心资源线路，主要有：①城崖地—神女峰—田家庵区域，②水门—石门—龙门—寨腰，③城崖地—龙门—白龙潭—白龙庙；大黑峪沟—东大塬—灵草沟区域，④瓦房村—马木匠沟—西大塬区域，每条线路都各有特色和风格。

① 其中下地是 16 户，前扒是 35 户，瓦房村 23 户，小黑峪村 5 户。

② 其中，自然旅游资源有 4 个主类，15 个亚类和 27 个基本类型，分别占旅游资源整体的 50%、53.6% 和 48.2%。人文旅游资源有 4 个主类，13 个亚类和 25 个基本类型，各类分别占总数的 50%、46.4% 和 51.8%，总体而言，主类和亚类类型丰富，基本类型接近一半。青要山旅游区共有 119 个资源单体，其中自然旅游资源单体 76 个，人文旅游资源单体 43 个。

③ 粗看青要山，是山、是水、是村落；细细体味，则是人类文明的足迹。

（二）强化商品开发与乡村旅游

青要山景区强化旅游商品的研制与开发力度，建立了青要山旅游系列产品，已经形成一系列有创意的特色旅游纪念品。例如，以石文化为主，利用陶鬲、石斧、石棒等造型开发实用的旅游纪念品；以当地的橡面凉粉、柿树等特色，发展特色食品。

2021 年新开发了土特产野酸枣和“新安印象”健康养生酒展销活动，野酸枣是新安县的特有产品，目前展销的有原味和蓝莓味两种。加工后的野酸枣营养丰富，味道更鲜嫩爽口，是一款男女老少皆宜的健康食品。长期食用有清新明目，降血压、降血脂的特殊功效。而且，“新安印象”养生酒酒瓶的背面有烤瓷上去的新安县八大景区标志图片，代表着新安县劳动人民发展文旅产业实现增收致富的美好愿景。

（三）打造高质量森林康养基地

青要山景区植被繁茂，空气清新，山清水秀，曲径通幽，最高海拔 1385 米，森林覆盖率 90%。作为王屋山—黛眉山世界地质公园的核心区域，各类地质遗迹丰富而集中。奇、峻、幽、秀成为独有特色。山水宜人，景观迷人，山势奇险惊人。不仅有较高的美学价值和科普价值，还是海内外广大游客向往的旅游度假区。2020 年青要山景区入选全国森林康养基地试点单位，以此为契机，面向社会提供多层次、多种类、高质量的森林康养服务指向更加明确，促使森林康养服务体系更加健全。

（四）发挥景区带动型乡村旅游发展

为了充分发挥青要山景区的影响力和示范带动作用，当地政府积极开展景区所在地撤乡并镇（撤曹村乡建青要山镇）助力景区发展，把一个景区的优势扩大为全镇的优势，借助扶贫攻坚和精准扶贫的机遇，结合各村实际，大力开展以乡村游为内容的乡村振兴工程，通过发展景区助力青要山镇打造成“生态宜居镇，文旅目的地，康养度假区”。

青要山镇从 2020 年开始谋划建设了“小沟休闲采摘、圪塔特色民宿、前河度假观光、岸上农家小吃”等一批重点乡村旅游项目，让前来旅游观光采摘的游客在“吃农家饭、摘农家果、干农家活、住农家屋、体农家情”中感受乡村旅游带来的乐趣。例如，青要山镇岸上村从农家乐到乐农家，利用这种得天独厚的地理优势，在全村开办农家乐家庭小宾馆，为前往景区观光的游客提供吃住等一条龙服务。青要山镇小沟村乡村2020年举办了首届桃花节[①]，吸引了不少游客，2022年打造青要谷乡村旅游景点，小巧精致的景点，小桥流水湖光山色，还没彻底修好，就引来大批游客，极大地促进了农业与旅游业深度融合发展，为全域旅游发展进行了有益的探索和实践，在助力乡村振兴中开启了新篇章。

（五）以5A级旅游景区创建推动提质升级

为了贯彻河南省旅游发展的政策与战略，加快洛阳市产业整合升级，扩大青要山旅游景区的影响力，青要山旅游景区积极创建5A级旅游景区、国家级度假区，带动景区由观光型旅游景区向休闲度假型旅游景区转变。

创建工作确定了“尊重自然机理、遵循历史线索、珍惜文化资源、创新旅游产品、引导生态潮流”五大原则，以“山水重组、双核引爆，层次递进、产业融合、区域联动、协同合作”为发展战略。着重在云中、崖上、地下三个立体层次，围绕自然山水休闲、史前文化溯源、养老养生、休闲娱乐、民俗体验、农业休闲六大类产品展开，形成“两带、双心、四大板块、六大体验区、一个保育区”的创新型空间格局（见图6–2），关联自驾车等新业态，建设新型旅游经济综合体，实现经济、社会、文化、生态全方位综合效益，将其打造成为中原城市群重要的休闲度假目的地。

---

① 2021年3月，青要山镇第二届桃花节在小沟村开幕，以“花满青山·桃源人间”为主题，以展示形象、宣传品牌扩大对外交流、促进经济发展为宗旨，活动现场共设置花声寻仙、花间诗画、花中骑行、花下采风4个活动环节，让游客们在桃林中除欣赏美景外还能与桃花仙子合影留念，此次桃花节除小沟村主会场外，还在青要山景区、圪塔村、袁山村、下村村设立四个分会场。

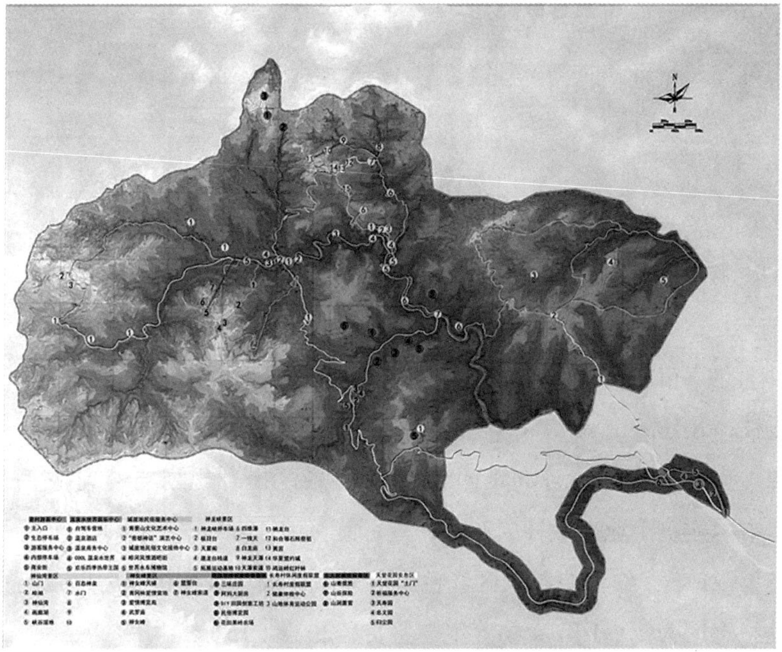

图 6-2 青要山 5A 级景区创建总平面图

参考文献

［1］北京市旅游局．北京市A级旅游景区管理实务［M］．北京：中国旅游出版社，2010.

［2］大地风景国际咨询集团.A级旅游景区提升规划与管理指南［M］．北京：中国建筑工业出版社，2015.

［3］段诗洋．红色旅游景区红色旅游书屋建设实践探析——以八路军西安办事处纪念馆为例［J］．文物鉴定与鉴赏，2022（15）.

［4］国家旅游局．旅游景区游客中心设置与服务规范（LB/T 011-2011）［Z］.2011.

［5］国家质量监督检验检疫总局．旅游景区质量等级的划分与评定（GB/T 17775—2003）［Z］. 2004.

［6］李志刚．中共中央宣传部"中国这十年"系列主题新闻发布会：旅游快速发展文化服务提升文艺气象一新［N］．中国旅游报，2022-08-19（1）.

［7］邵琪伟．中国旅游大辞典［M］．上海：上海辞书出版社，2012.

［8］王路平．八路军西安办事处纪念馆青少年公众教育活动的实践与思考［J］．中国纪念馆研究，2018（2）.

［9］卫宣均，宋岩松．红色资源在区域学校教育价值的实现——以八路军西安办事处纪念馆和周边学校教育为例［J］．陕西教育（教学版），2022（4）.

［10］魏彪．景区提质见实效"诗与远方"更美好——党的十八大以来旅游业高质量发展系列报道之十［N］．中国旅游报，2022-10-11（1）.

［11］徐舒翼．鄂尔多斯响沙湾：打造国内一流休闲度假景区［Z］．央广

电总台国际在线，2022-07-22.

［12］赵广朝 . 北京市 A 级旅游景区管理实务［M］. 北京：中国旅游出版社，2010.

［13］中国旅游研究院 . 中国旅游景区发展报告（2020）［M］. 北京：旅游教育出版社，2021.

［14］中国旅游研究院 . 中国旅游景区发展报告（2021）［M］. 北京：旅游教育出版社，2022.

［15］周永振，王羽，战冬梅 .A 级旅游景区标准化建设［M］. 北京：中国旅游出版社，2020.

［16］周永振，王羽 . 旅游景区建设与管理实务［M］. 上海：复旦大学出版社，2016.

‖附　录‖

全国 5A 级旅游景区一览表[①]

序号	旅游景区名城	所属地区	批准年份
1	故宫博物院	北京	2007
2	天坛公园	北京	2007
3	颐和园	北京	2007
4	北京八达岭—慕田峪长城旅游区	北京	2007
5	天津古文化街旅游区（津门故里）	天津	2007
6	天津盘山风景名胜区	天津	2007
7	保定市安新白洋淀景区	河北	2007
8	承德避暑山庄及周围寺庙景区	河北	2007
9	大同市云冈石窟	山西	2007
10	忻州市五台山风景名胜区	山西	2007
11	沈阳市植物园	辽宁	2007
12	长春市伪满皇宫博物院	吉林	2007
13	长白山景区	吉林	2007
14	哈尔滨市太阳岛景区	黑龙江	2007
15	上海东方明珠广播电视塔	上海	2007
16	上海野生动物园	上海	2007
17	南京市钟山风景名胜区—中山陵园风景区	江苏	2007
18	中央电视台无锡影视基地三国水浒景区	江苏	2007

① 根据文化和旅游部官方网站（www.mct.gov.cn）公开信息整理而成，截止日期为2024年2月。

续表

序号	旅游景区名城	所属地区	批准年份
19	苏州园林（拙政园、虎丘山、留园）	江苏	2007
20	苏州市周庄古镇景区	江苏	2007
21	杭州市西湖风景名胜区	浙江	2007
22	温州市雁荡山风景名胜区	浙江	2007
23	舟山市普陀山风景名胜区	浙江	2007
24	黄山市黄山风景区	安徽	2007
25	池州市九华山风景区	安徽	2007
26	厦门市鼓浪屿风景名胜区	福建	2007
27	江西省庐山风景名胜区	江西	2007
28	吉安市井冈山风景旅游区	江西	2007
29	烟台市蓬莱阁旅游区（三仙山—八仙过海）	山东	2007
30	济宁市曲阜明故城（三孔）旅游区	山东	2007
31	泰安市泰山景区	山东	2007
32	登封市嵩山少林景区	河南	2007
33	洛阳市龙门石窟景区	河南	2007
34	衡阳市南岳衡山旅游区	湖南	2007
35	张家界武陵源—天门山旅游区	湖南	2007
36	武汉市黄鹤楼公园	湖北	2007
37	宜昌市三峡大坝—屈原故里旅游区	湖北	2007
38	广州市长隆旅游度假区	广东	2007
39	深圳华侨城旅游度假区	广东	2007
40	桂林市漓江景区	广西	2007
41	桂林市乐满地度假世界	广西	2007
42	三亚市南山文化旅游区	海南	2007
43	三亚市南山大小洞天旅游区	海南	2007
44	重庆大足石刻景区	重庆	2007
45	重庆巫山小三峡—小小三峡	重庆	2007

续表

序号	旅游景区名城	所属地区	批准年份
46	成都市青城山—都江堰旅游景区	四川	2007
47	乐山市峨眉山景区	四川	2007
48	阿坝藏族羌族自治州九寨沟旅游景区	四川	2007
49	安顺市黄果树大瀑布景区	贵州	2007
50	安顺市龙宫景区	贵州	2007
51	昆明市石林风景区	云南	2007
52	丽江市玉龙雪山景区	云南	2007
53	西安市秦始皇兵马俑博物馆	陕西	2007
54	西安市华清池景区	陕西	2007
55	延安市黄帝陵景区	陕西	2007
56	嘉峪关市嘉峪关文物景区	甘肃	2007
57	平凉市崆峒山风景名胜区	甘肃	2007
58	石嘴山市沙湖旅游景区	宁夏	2007
59	中卫市沙坡头旅游景区	宁夏	2007
60	新疆天山天池风景名胜区	新疆	2007
61	吐鲁番市葡萄沟风景区	新疆	2007
62	阿勒泰地区喀纳斯景区	新疆	2007
63	南平市武夷山风景名胜区	福建	2007
64	大连老虎滩海洋公园·老虎滩极地馆	辽宁	2007
65	秦皇岛市山海关景区	河北	2007、2018
66	焦作市云台山—神农山·青天河景区	河南	2007
67	上海科技馆	上海	2010
68	无锡市灵山景区	江苏	2010
69	南京市夫子庙—秦淮风光带景区	江苏	2010
70	扬州市瘦西湖风景区	江苏	2010
71	苏州市同里古镇景区	江苏	2010

续表

序号	旅游景区名城	所属地区	批准年份
72	常州市环球恐龙城休闲旅游区	江苏	2010
73	杭州市千岛湖风景名胜区	浙江	2010
74	宁波市奉化溪口—滕头旅游景区	浙江	2010
75	嘉兴市桐乡乌镇古镇旅游区	浙江	2010
76	金华市东阳横店影视城景区	浙江	2010
77	河北保定野三坡景区	河北	2011
78	陕西渭南华山景区	陕西	2011
79	陕西西安大雁塔·大唐芙蓉园景区	陕西	2011
80	吉林长春净月潭景区	吉林	2011
81	辽宁大连金石滩景区	辽宁	2011
82	黑龙江黑河五大连池景区	黑龙江	2011
83	山西晋城皇城相府生态文化旅游区	山西	2011
84	内蒙古鄂尔多斯响沙湾旅游景区	内蒙古	2011
85	内蒙古鄂尔多斯成吉思汗陵旅游区	内蒙古	2011
86	甘肃天水麦积山景区	甘肃	2011
87	宁夏银川镇北堡西部影视城	宁夏	2011
88	河南开封清明上河园	河南	2011
89	河南洛阳白云山景区	河南	2011
90	河南安阳殷墟景区	河南	2011
91	山东青岛崂山景区	山东	2011
92	山东烟台龙口南山景区	山东	2011
93	山东威海刘公岛景区	山东	2011
94	新疆伊犁那拉提旅游风景区	新疆	2011
95	安徽省黄山市皖南古村落—西递宏村	安徽	2011
96	河南省平顶山市尧山—中原大佛景区	河南	2011
97	湖北省十堰市武当山风景区	湖北	2011
98	湖北省宜昌市三峡人家风景区	湖北	2011

续表

序号	旅游景区名城	所属地区	批准年份
99	湖北省恩施州神龙溪纤夫文化旅游区	湖北	2011
100	北京市明十三陵景区	北京	2011
101	深圳市观澜湖休闲旅游区	广东	2011
102	梅州市雁南飞茶田景区	广东	2011
103	广东省广州市白云山风景区	广东	2011
104	福建省三明市泰宁风景旅游区	福建	2011
105	江西省上饶市三清山旅游景区	江西	2011
106	湖南省岳阳市岳阳楼—君山岛景区	湖南	2011
107	湖南省湘潭市韶山旅游区	湖南	2011
108	广东省清远市连州地下河旅游景区	广东	2011
109	青海省青海湖景区	青海	2011
110	浙江省嘉兴市南湖旅游区	浙江	2011
111	河北省石家庄市西柏坡景区	河北	2011
112	中国科学院西双版纳热带植物园	云南	2011
113	乐山市乐山大佛景区	四川	2011
114	武隆喀斯特旅游区（天生三桥、仙女山、芙蓉洞）	重庆	2011
115	丽江市丽江古城景区	云南	2011
116	安徽省安庆市天柱山风景区	安徽	2011
117	福建省土楼（永定・南靖）旅游景区	福建	2011
118	黑龙江牡丹江镜泊湖景区（严重警告）	云南	2011
119	大理市崇圣寺三塔文化旅游区	云南	2011
120	江西省鹰潭市龙虎山旅游景区	江西	2012
121	江苏省姜堰市溱湖旅游景区	江苏	2012
122	河南省洛阳栾川老君山・鸡冠洞旅游区	河南	2012
123	浙江省杭州西溪湿地旅游区	浙江	2012
124	四川省阿坝州黄龙景区	四川	2012
125	广东省韶关市丹霞山景区	广东	2012

续表

序号	旅游景区名城	所属地区	批准年份
126	恭王府景区	北京	2012
127	海南呀诺达雨林文化旅游区	海南	2012
128	苏州市金鸡湖景区	江苏	2012
129	南通市濠河景区	江苏	2012
130	阿勒泰地区富蕴可可托海景区	新疆	2012
131	酉阳桃花源旅游景区	重庆	2012
132	镇江市金山・焦山・北固山旅游景区	江苏	2012
133	六安市天堂寨旅游景区	安徽	2012
134	重庆市万盛经开区黑山谷景区	重庆	2012
135	安徽省宣城市绩溪龙川景区	安徽	2012
136	浙江省绍兴市鲁迅故里沈园景区	浙江	2012
137	宁德市白水洋—鸳鸯溪旅游区	福建	2012
138	泉州市清源山景区	福建	2012
139	无锡市鼋头渚景区	江苏	2012
140	北京市奥林匹克公园	北京	2012
141	桂林市独秀峰—王城景区	广西	2012
142	西宁市塔尔寺景区	青海	2012
143	湖北省神农架旅游区	湖北	2012
144	迪庆州香格里拉普达措景区	云南	2012
145	湖南省长沙市岳麓山・橘子洲旅游区	湖南	2012
146	苏州市吴中太湖旅游区	江苏	2013
147	上饶市婺源江湾景区	江西	2013
148	枣庄市台儿庄古城景区	山东	2013
149	洛阳市龙潭大峡谷景区	河南	2013
150	宜昌市长阳清江画廊景区	湖北	2013
151	佛山市西樵山景区	广东	2013
152	分界洲岛旅游区	海南	2013

续表

序号	旅游景区名城	所属地区	批准年份
153	拉萨布达拉宫景区	西藏	2013
154	晋中市介休绵山景区	山西	2013
155	伊春市汤旺河林海奇石景区	黑龙江	2013
156	衢州市开化根宫佛国文化旅游景区	浙江	2013
157	济南市天下第一泉景区	山东	2013
158	常州市天目湖景区	江苏	2013
159	苏州市沙家浜·虞山尚湖旅游区	江苏	2013
160	广安市邓小平故里旅游区	四川	2013
161	南充市阆中古城旅游区	四川	2013
162	绵阳市北川羌城旅游区	四川	2013
163	毕节市百里杜鹃景区	贵州	2013
164	景德镇古窑民俗博览区	江西	2013
165	宁德市福鼎太姥山旅游区	福建	2013
166	拉萨市大昭寺	西藏	2013
167	喀什地区泽普金胡杨景区	新疆	2013
168	武汉市东湖景区	湖北	2013
169	阜阳市颍上八里河景区	安徽	2013
170	重庆市南川金佛山	重庆	2013
171	阿坝州汶川特别旅游区	四川	2013
172	黄山市古徽州文化旅游区	安徽	2014
173	南阳市西峡伏牛山老界岭·恐龙遗址园旅游区	河南	2014
174	武汉市黄陂木兰文化生态旅游区	湖北	2014
175	佛山市长鹿旅游休博园	广东	2014
176	南宁市青秀山旅游区	广西	2014
177	宝鸡市法门寺佛文化景区	陕西	2014
178	巴音郭楞蒙古自治州博斯腾湖景区	新疆	2014
179	山东省沂蒙山旅游区	山东	2014

续表

序号	旅游景区名城	所属地区	批准年份
180	长沙市花明楼景区	湖南	2014
181	惠州市罗浮山景区	广东	2014
182	乌鲁木齐天山大峡谷景区	新疆	2014
183	镇江市句容茅山景区	江苏	2014
184	唐山市清东陵景区	河北	2015
185	邯郸市娲皇宫景区	河北	2015
186	晋中市平遥古城景区	山西	2015
187	本溪市本溪水洞景区	辽宁	2015
188	长春市长影世纪城旅游区	吉林	2015
189	敦化市六鼎山文化旅游区	吉林	2015
190	漠河北极村旅游区	黑龙江	2015
191	周恩来故里旅游景区	江苏	2015
192	大丰中华麋鹿园景区	江苏	2015
193	湖州市南浔古镇景区	浙江	2015
194	台州市天台山景区	浙江	2015
195	台州市神仙居景区	浙江	2015
196	福州市三坊七巷景区	福建	2015
197	龙岩市古田旅游区	福建	2015
198	宜春市明月山旅游区	江西	2015
199	驻马店市嵖岈山旅游景区	河南	2015
200	瑞金市共和国摇篮旅游区	江西	2015
201	恩施州恩施大峡谷景区	湖北	2015
202	郴州市东江湖旅游区	湖南	2015
203	阳江市海陵岛大角湾海上丝路旅游区	广东	2015
204	海南槟榔谷黎苗文化旅游区	海南	2015
205	江津四面山景区	重庆	2015
206	广元市剑门蜀道剑门关旅游区	四川	2015

续表

序号	旅游景区名城	所属地区	批准年份
207	黔南州荔波樟江景区	贵州	2015
208	商洛市金丝峡景区	陕西	2015
209	敦煌鸣沙山月牙泉景区	甘肃	2015
210	银川市灵武水洞沟旅游区	宁夏	2015
211	喀什地区喀什噶尔老城景区	新疆	2015
212	合肥市三河古镇景区	安徽	2015
213	安徽省芜湖市方特旅游区	安徽	2016
214	江苏省徐州市云龙湖景区	江苏	2016
215	江苏省连云港花果山景区	江苏	2016
216	湖南省邵阳市崀山景区	湖南	2016
217	云南省昆明市昆明世博园景区	云南	2016
218	安徽省六安市万佛湖景区	安徽	2016
219	海南省三亚市蜈支洲岛旅游区	海南	2016
220	陕西省宝鸡市太白山旅游景区	陕西	2016
221	四川省南充市仪陇朱德故里景区	四川	2016
222	新疆维吾尔自治区伊犁州喀拉峻景区	新疆	2016
223	新疆维吾尔自治区巴音州和静巴音布鲁克景区	新疆	2016
224	云南省保山市腾冲火山热海旅游区	云南	2016
225	河南省红旗渠·太行大峡谷	河南	2016
226	广东省中山市孙中山故里旅游区	广东	2016
227	内蒙古自治区满洲里市中俄边境旅游区	内蒙古	2016
228	河北省邯郸市广府古城景区	河北	2017
229	河北省保定市白石山景区	河北	2017
230	山西省忻州市雁门关景区	山西	2017
231	内蒙古自治区阿尔山·柴河旅游景区	内蒙古	2017
232	辽宁省鞍山市千山景区	辽宁	2017
233	吉林省长春市世界雕塑公园旅游景区	吉林	2017

续表

序号	旅游景区名城	所属地区	批准年份
234	江苏省常州市中国春秋淹城旅游区	江苏	2017
235	浙江省嘉兴市西塘古镇旅游景区	浙江	2017
236	浙江省衢州市江郎山·廿八都景区	浙江	2017
237	江西省抚州市大觉山景区	江西	2017
238	江西省上饶市龟峰景区	江西	2017
239	山东省潍坊市青州古城旅游区	山东	2017
240	山东省威海市华夏城旅游景区	山东	2017
241	河南省永城市芒砀山旅游景区	河南	2017
242	广西壮族自治区桂林市两江四湖·象山景区	广西	2017
243	重庆市云阳龙缸景区	重庆市	2017
244	四川省甘孜州海螺沟景区	四川	2017
245	贵州省贵阳市花溪青岩古镇景区	贵州	2017
246	青海省海东市互助土族故土园景区	青海	2017
247	新疆生产建设兵团第十师白沙湖景区	新疆	2017
248	林芝巴松措景区	西藏	2017
249	日喀则扎什伦布寺景区	西藏	2017
250	山西省临汾市洪洞大槐树寻根祭祖园景区	山西	2018
251	内蒙古自治区赤峰市阿斯哈图石阵旅游区	内蒙古	2018
252	浙江省宁波市天一阁·月湖景区	浙江	2018
253	江西省南昌市滕王阁旅游区	江西	2018
254	湖北省咸宁市三国赤壁古战场景区	湖北	2018
255	广东省惠州市惠州西湖旅游景区	广东	2018
256	广西壮族自治区崇左市德天跨国瀑布景区	广西	2018
257	贵州省铜仁市梵净山旅游区	贵州	2018
258	陕西省西安市城墙·碑林历史文化景区	陕西	2018
259	新疆维吾尔自治区喀什地区帕米尔旅游区	新疆	2019
260	甘肃省张掖市七彩丹霞景区	甘肃	2019

续表

序号	旅游景区名城	所属地区	批准年份
261	陕西省延安市延安革命纪念地景区	陕西	2019
262	贵州省黔东南州镇远古城旅游景区	贵州	2019
263	四川省雅安市碧峰峡旅游景区	四川	2019
264	重庆市彭水县阿依河景区	重庆	2019
265	广西壮族自治区百色市百色起义纪念园景区	广西	2019
266	广东省肇庆市星湖旅游景区	广东	2019
267	湖南省株洲市炎帝陵景区	湖南	2019
268	湖北省襄阳市古隆中景区	湖北	2019
269	河南省新乡市八里沟景区	河南	2019
270	山东省东营市黄河口生态旅游区	山东	2019
271	江西省萍乡市武功山景区	江西	2019
272	浙江省丽水市缙云仙都景区	浙江	2019
273	江苏省无锡市惠山古镇景区	江苏	2019
274	黑龙江省虎林市虎头旅游景区	黑龙江	2019
275	吉林省通化市高句丽文物古迹旅游风景区	吉林	2019
276	辽宁盘锦市红海滩风景廊道景区	辽宁	2019
277	内蒙古自治区阿拉善盟胡杨林旅游区	内蒙古	2019
278	山西省长治市壶关太行山大峡谷八泉峡景区	山西	2019
279	河北省保定市清西陵景区	河北	2019
280	北京市海淀区圆明园景区	北京	2019
281	陕西省西安市城墙—碑林历史文化景区	陕西	2019
282	河北省承德市金山岭长城景区	河北	2020
283	山西省临汾市云丘山景区	山西	2020
284	江苏省宿迁市洪泽湖湿地景区	江苏	2020
285	浙江省温州市刘伯温故里景区	浙江	2020
286	安徽省马鞍山市长江采石矶文化生态旅游区	安徽	2020
287	福建省莆田市湄洲岛妈祖文化旅游区	福建	2020

续表

序号	旅游景区名城	所属地区	批准年份
288	江西省九江市庐山西海景区	江西	2020
289	山东省临沂市萤火虫水洞·地下大峡谷旅游区	山东	2020
290	湖北省恩施州腾龙洞景区	湖北	2020
291	湖南省常德市桃花源旅游区	湖南	2020
292	广东省江门市开平碉楼文化旅游区	广东	2020
293	广西壮族自治区北海市涠洲岛南湾鳄鱼山景区	广西	2020
294	重庆市黔江区濯水景区	重庆	2020
295	四川省巴中市光雾山旅游景区	四川	2020
296	四川省甘孜州稻城亚丁旅游景区	四川	2020
297	贵州省遵义市赤水丹霞旅游区	贵州	2020
298	云南省文山州普者黑旅游景区	云南	2020
299	陕西省西安市大明宫旅游景区	陕西	2020
300	甘肃省临夏州炳灵寺世界文化遗产旅游区	甘肃	2020
301	青海省海北州阿咪东索景区	青海	2020
302	新疆维吾尔自治区克拉玛依市世界魔鬼城景区	新疆	2020
303	上海市中国共产党一大·二大·四大纪念馆景区	上海	2021
304	新疆维吾尔自治区博尔塔拉蒙古自治州赛里木湖景区	新疆	2021
305	新疆生产建设兵团阿拉尔市塔克拉玛干·三五九旅文化旅游区	新疆	2021
306	黄河壶口瀑布旅游区	陕西、山西	2022
307	浙江省台州市台州府城文化旅游区	浙江	2022
308	江西省赣州市三百山景区	江西	2022
309	山东省济宁市微山湖旅游区	山东	2022
310	河南省信阳市鸡公山景区	河南	2022
311	湖北省宜昌市三峡大瀑布景区	湖北	2022
312	广西壮族自治区贺州市黄姚古镇景区	广西	2022
313	重庆市奉节县白帝城·瞿塘峡景区	重庆	2022

续表

序号	旅游景区名城	所属地区	批准年份
314	四川省成都市安仁古镇景区	四川	2022
315	贵州省毕节市织金洞景区	贵州	2022
316	甘肃省陇南市官鹅沟景区	甘肃	2022
317	新疆维吾尔自治区昌吉回族自治州江布拉克景区	新疆	2022
318	北京市北京（通州）大运河文化旅游景区	北京	2024
319	河北省唐山市南湖·开滦旅游景区	河北	2024
320	内蒙古自治区呼伦贝尔市呼伦贝尔大草原·莫尔格勒河景区	内蒙古	2024
321	辽宁省本溪市五女山景区	辽宁	2024
322	吉林省松原市前郭查干湖景区	吉林	2024
323	上海市崇明区西沙明珠湖景区	上海	2024
324	江苏省连云港市连岛景区	江苏	2024
325	浙江省丽水市云和梯田景区	浙江	2024
326	安徽省滁州市琅琊山景区	安徽	2024
327	福建省厦门市厦门园林植物园景区	福建	2024
328	山东省青岛市奥帆海洋文化旅游区	山东	2024
329	河南省周口市太昊伏羲陵文化旅游区	河南	2024
330	湖北省荆门市明显陵文化旅游景区	湖北	2024
331	湖南省湘西土家族苗族自治州凤凰古城旅游区	湖南	2024
332	广西壮族自治区柳州市程阳八寨景区	广西	2024
333	海南省三亚市天涯海角游览区	海南	2024
334	重庆市涪陵区武陵山大裂谷景区	重庆	2024
335	四川省阿坝藏族羌族自治州四姑娘山景	四川	2024
336	云南省腾冲市和顺古镇景区	云南	2024
337	陕西省延安市延川黄河乾坤湾景区	陕西	2024
338	宁夏回族自治区吴忠市青铜峡黄河大峡谷旅游区	宁夏	2024

后　记

本书由赤峰学院一流学科（旅游管理）、新增硕士点（旅游管理）、校级科研创新团队（蒙东地区旅游与文化产业科研创新团队）专项建设经费资助和研究支持出版。

本书具体分工如下：战冬梅（第一章）、周永振（第二章第一节）、王羽（第二章第二节、第四章、第五章二节、第六章第二节）、孔亚丽（第三章、第五章第一节、第六章第一节）。

由于能力有限，借鉴、参考和使用了大量的资料，疏漏在所难免，在此深表歉意，这些卓越的成果对本书有很大的帮助，在此表示深深的感谢。

非常感谢有关单位给予的鼎力支持，提供了大量的资料（包括部分照片），极大地丰富了本书的实践性和可读性。

周永振

2024 年 2 月

项目策划：段向民
责任编辑：孙妍峰
责任印制：钱　宬
封面设计：武爱听

图书在版编目（CIP）数据

旅游景区服务与管理案例. 第二辑 / 周永振等编著. 北京 : 中国旅游出版社, 2024. 7. -- (景区管理精品图书系列). -- ISBN 978-7-5032-7375-9

Ⅰ. F590.6

中国国家版本馆CIP数据核字第2024QF9315号

书　　名：旅游景区服务与管理案例（第二辑）

作　　者：周永振　王　羽　孔亚丽　战冬梅
出版发行：中国旅游出版社
（北京静安东里 6 号　邮编：100028）
https://www.cttp.net.cn　E-mail:cttp@mct.gov.cn
营销中心电话：010-57377103，010-57377106
读者服务部电话：010-57377107
排　　版：北京旅教文化传播有限公司
经　　销：全国各地新华书店
印　　刷：北京明恒达印务有限公司
版　　次：2024 年 7 月第 1 版　2024 年 7 月第 1 次印刷
开　　本：720 毫米 ×970 毫米　1/16
印　　张：8
字　　数：114 千
定　　价：39.80 元
I S B N　978-7-5032-7375-9